初期マルクスを読む

初期マルクスを読む

長谷川 宏

岩波書店

目次

初期マルクスを読む

目　次

序章　マルクスとわたし

初期マルクスが主題となりますが、改めて考えてみると、マルクスについて冷静に考えることはなかなかに難しい。日本の政治、文化、思想の風土にとってマルクスはいろいろな意味で厄介な存在です。わたし自身にとっても、マルクスを論じることはかなり難しく、どう扱うべきか、腰が決まらない。ヘーゲルについては自分でたくさん翻訳もし、あちこちで話す機会もありました。比べていうとマルクスは、いつも気にはなりながら、踏みこんで話をする局面がなかった。いま、マルクスの魅力をどう考えるか、あたえられたこの機会にわたしなりに取り組んでみようと思います。

なぜ、そんなに難しいのか。わたしがかかわってきたかぎりでも、戦後の政治風土のなかで、マルクスはきわめて特殊な位置を占めているといえる。たとえば、わたしは大学の哲学科に所属していたのですが、そこではマルクスを哲学者として扱うのは少し困るという感じがあった。マルクスをテーマに取り上げます、といえば、まわりからあまりよくは見られないということがあった。

なぜ、そんなふうだったのか。わたしは一九四〇年生まれですが、日本は四五年に敗戦を迎え、それ以後の日本の民主化は米軍の占領下で進められた。日本人の内発的な動きとからみつつ占領軍の指導のもとに新憲法ができ、新しい民主化のさまざまな施策が実地に移されていった。そうしたなかで、とくにインテリ層を中心にしてマルクスの思想は非常に強い影響力をもち、政治運動にも浸透していた。マルクスだけではなく、マルクス、エンゲルス、レーニンというべきかもしれませんが、とりわけマルクスは社会主義思想の一番根本にある思想家と考えられていて、政治思想のなかでは別格扱いだった。神格化されていたとまで言えば、やや強すぎる言いかたになりますが、不用意に批判はできないといった雰囲気は間違いなくありました。

そして、哲学という学問の場では、マルクス自身の思想は、現実と深くかかわりすぎていると感じられていた。現実の運動のなかでマルクスは偉大な存在でありつづけていたので、アカデミズムのような折り目正しい、あるいは現実にたいして臆病な、そういう場では扱わないほうが無難だと考えられていた。といったようなわけで、マルクスはやはり扱いに困る存在、あるいは、まぶしすぎる存在であったわけです。

わたし自身の経歴を振り返っても、高校時代にはなんとなくマルクスという名が聞こえていましたので、『哲学の貧困』『共産党宣言』などは読んでいた。翻訳も悪いので、高校生には読んでも分かりはしないのですが。しかし、読みかじり、友達に向かってちらっとほのめかしたり、はったりをかましたりすることはあったと思います。

大学入学は一九五八年で、わたしは人一倍長く大学生活を送ります。最後には、六八年の全共闘運動にまでオーバードクターの身でかかわり、七〇年にようやくそこから足を洗うことになったのですから。その間、わたしのまわりではマルクスはつねに特別な存在と考えられていた。たとえば、六〇年の安保闘争を考えてみます。これは必ずしもマルクス主義を指導理念とする闘いではなかったのですが、学生のなかでは、もっと具体的に全学連にとっては、マルクスの思想を中心に掲げることが、いま風にいえば運動体のアイデンティティだった。安保闘争の全体は、市民運動的な要素が強かったので、社会主義思想や共産主義思想がいつも中心にあったわけではないのですが、観念臭の強い学生にとっては、マルクスとその思想が旗印だった。だから、五八年から六二年までの間、マルクス、エンゲルス、レーニンの著作は活動家学生のあいだでは必読文献のように思われていたし、実際に読まれもした。読書会での侃侃諤諤《かんかんがくがく》の論争をなつかしく思い出します。

著作と向き合っているときも、その読みかたは、やはり運動と密接に結びつきすぎているということがあった。運動を指導する思想については、純粋に批判的に、冷静に読むということが難しいのです。

その頃のわたしは、読書会を主催するという位置にはいなくて、人に誘われて隅のほうにいるか、途中でやや真ん中のほうに移動するか、といった程度だったのですが、当時は読書会に人を集めること自体が運動の一環とされていた。人がたくさん集まれば運動にとっても意味があると考えられていた。純粋に目の前にある一冊の書物と向かい合い、それを分析し解釈しながら、その書物が言っていることの正しさとか、問題点などを指摘したり、あるいはここで問題になっているのはいったいなにかを考えるというような読みかた、そういう読みかたからは読書会はやはりずれていく。たえず、書物を読むことと政治との結びつきが問題とされ、運動をいかにして盛り上げるかということと結びつけられていく。

それが、わたしには素直に納得はできなかった。おそらくそんな読みかたをした人たちは、運動のなかにどんどんのめりこんでいったでしょう。そのうちの何人かは大学をやめ、献身的な活動家になりましたから、その人たちにとっては読書会でのそうした読みかたが一番ふさわしかったかもしれない。しかし、わたしにはそれがどうしても納得できず、参加していながらいつも中途半端な気持ちがあって、政治と結びつかないマルクスを、いつかなんらかの仕方でわたしなりにイメージしてみたいと思っていたのです。

大きな政治運動の渦中では、結局それはできず、マルクスの読みかたについての不満を抱えたまま、六〇年安保ののち、わたしはサルトルを選んで、卒論のテーマにした。そのあとには、ヘーゲルを修士論文のテーマにしている。サルトルもヘーゲルも、そのすぐそばにマルクスがいるのですが、マルクスはちょっと待ったという感じでした。臆病だったなと思いますが、そんな位置でマルクスを横目に見ながら、わたしなりの研究をし、わたしにとって大切な思想的な問題を考えているという気持ちでいたわけです。しかしそれも、周りから見ればふりをしていただけかもしれません。

そんなこんなで、マルクスは非常に扱いに困る存在だったということは間違いない気がします。そして、六〇年安保のあと、運動が急速に冷えていったとき、わたしのまわりでもマルクス、マルクスと言う人の数はずいぶんと減ってきた。それはそれでわたしには意外なことで、ならばかえってマルクスに取り組んでみたいなとは思いつつ、なかなか思い切ってできないという状態でした。

そんなふうに、サルトルやヘーゲルに取り組む一方、マルクスとの付き合いにはいつも不協和音が生じるようで、うまくいかないままになっていた。また、ヘーゲルを研究対象とするといっても、マルクスからヘーゲルへという方向は取りたくなかった。それが一種、時代の風潮となっていて、マルクス研究から遡行してヘーゲル研究に向かう人が多かった。マルクスといえば、もちろん革命思想もありますが、もう一方に弁証法といういささか面倒なものがありまして、その弁証法を学ぶなら、ヘーゲルから学ばなければならない、と、多くの人が考えたわけです。マルクスをやるなら、弁証法をヘーゲルから学ばねばならない、と。弁証法は論理学ですから、大抵は『小論理学』『大論理学』を読むのですが、まず分からない。マルクスの翻訳書も難しいのですが、ヘーゲルの翻訳書はそれに輪をかけて難しいものでしたから、分からないなりにやっていたという域を出ない。わたしはしかし、そういう読みかただけはすまいと思っていた。つまり、マルクスにたいして自分の位置が決められないのに、そのマルクスから入っていってヘーゲルを読むというふうにはしたくなかったのです。ヘーゲルは、ヘーゲルから始めて、ヘーゲルの内側から読む。そのように肝に銘じ、修士論文もそういうふうにしてまとめることができた。

しかしまた、これもマルクスの影響の大きさというしかないのですが、一九七〇年に大学を去り、塾を経営しながら哲学を研究するという態勢に入ろうとするとき、「ヘーゲルにおける国家と市民社会」という論文を、明治大学の学生の編集している雑誌に頼まれて書いた。ヘーゲルの法哲学を題材として、その国家論を批判する文章を、多少は一般の読者向けのものとして書いた。あとからその論文を読んでみて気づくのですが、マルクスの『ヘーゲル国法論の批判』『ヘーゲル法哲学の批判・序説』の論調に依拠して、ヘーゲルを撃つという書きかたになっている。自分ではそういう方向を避けよう、避けようと思っていたのに、やはり時代のなかではこのようにならざるをえなかったのかと思います。この論文は『ヘーゲルを読む』(河出書房新社)という本の巻頭に収録されていますが、収録するときに読み返してみて、「そうか、こんなふうになっていたか」と恥ずかしいような思いをし、いまだ自分なりのヘーゲル像をつくれていないと残念な思いで確認し、「あとがき」に正直にそのことを書いておきました。

その後、一九七四年に『ヘーゲルの歴史意識』(紀伊國屋新書)を出しています。新書版ですから、原稿用紙で言えば三〇〇枚ぐらいの小品です。このときには、マルクスを離れ、ヘーゲルを内在的に理解することがある程度できてきているのではないかと思います。いま読んでもこの本は、マルクスのものの考えかたを振り払い、振り払い、わたしなりの考えかたを少しずつ自分の言葉でいえるようになったな、と感じることができ、その意味で少し安心してはいるのですが。

そんなわけで、どこかでいつもマルクスを多少遠ざけているところがありました。しかし、ソ連邦の崩壊や東西ドイツの統一などがあり、そのあたりからマルクス主義、あるいは共産主義運動、社会主義国家というものが、国際的にも日本においても目に見えて影響力を失っていった。そのときにはきちんとマルクスを読みたい、と強く思ったのですが、そのための時間がもてなかった。ただ、ずっと気になってはいたので、この場をお借りする形で、改めて踏みこんで考えてみたい。それがいまここに立っているわたしの位置です。

＊　本書におけるマルクスからの引用は、わたしの試訳を使う。多くの翻訳があるが、読みやすいものはないからだ。すでにある訳を改めて読み返してみたが、意に満たないものが多く、それならと私訳を試みた。この一週間ほどで作った訳なので、誤りもあろうし、それほどうまい訳だとも思っていない。しかし、これまでの訳に比べれば読みやすいだろうとは思う。

最近、『マルクス・コレクション』（筑摩書房）が出されたが、新訳と銘打つほどに新しくはない。以前の訳に少し手が入っているにとどまる。人の仕事をあれこれ言っても始まらないので、とりあえずドイツ語からきちんと訳そうと考え、気をつけて訳したつもりである。

第一章　ヘーゲルからマルクスへ
――マルクスのヘーゲル批判――

大いなる転換期

さて、マルクスです。マルクスからヘーゲルへという道は極力避けたわたしですが、マルクスを考えるとなると、ヘーゲルからマルクスへという道を取らざるをえない。大学院の頃からやってきたヘーゲルについては、わたしなりの理解が出来上がっていますので、問題はそこからマルクスへの道をどのようにつけるか、となります。わたしはヘーゲルからマルクスへの道がきわめて重要だと思っています。ヘーゲルからマルクスへの道を取らないというやりかたも十分にありうるのですが、わたしはそこはきちんと道を作っていきたいと考えています。

ヘーゲルの立っていた場所を前後の流れのなかで位置づけるとすれば、ドイツ観念論の大成者ととらえることができます。そこにおけるヘーゲルの位置づけをきちんとすれば、おのずからマルクスへのつながりが明らかになってきます。ドイツ観念論といえば、カント、フィヒテ、シェリング、ヘーゲルとビッグネームだけを挙げても、一定の性格が浮かんできます。その性格の中心をなし、またそれを基礎づけてもいるという特質はなんでしょうか。それをわたしは、考える、思考する、というときの、その構図の設定の仕方にあると思っています。なにかを考える、思考する、というとき、ドイツ観念論は、単独の個人を考える主体として設定するのだ、と。そういう構図がなりたつのは、近代的な個人というものが十分に人びとの頭のなかで理解されていたということを物語っている。一人一人の人間がいかに思考するのかという問いを立てることができるのは、一人一人の人間が独自の存在として考えられているからです。

今日のわたしたちにとって、たとえば小さな家族の単位でも、構成員それぞれの考えていることを尊重したり、なにかを決める場合に一人一人の考えを大切にするのは、当然のことと考えられています。しかし、歴史的にいえば、これは近代社会の成立後のことです。なにかを決めようという際に、集団のなかの中心になる人間にすべて預けてその人が決めるほうがいいとか、あるいは社会全体を覆っている常識のようなもののほうが、一人一人の考えよりははるかに重要だといった考えかたは、あっておかしくない。が、近代ではそういう考えかたが簡単には通用しない。一人一人の考えを重要視しないわけにはいかない。しかしながらそれは、日本でいえばたかだか一五〇〇年ほど前から、ヨーロッパでもせいぜい三〇〇年ぐらい前からのことです。個人の存在を基本の単位とするというのは、その意味では歴史的にはきわめて特殊なことですが、わたしたちはそれを当然と考える。その程度には日本も近代化されているとはいえるのですが、ドイツ観念論もそういう近代的な個人主義に立脚するものです。

個人の存在を単位とし、それを基底に置いてこの世界と向き合うというとき、認識論が、つまり、わたしたちはなにを正しく認識できるのか、ということが重要な問題になる。また、個人の存在は、どういう生きかたが正しいかを考えるときの単位にもなる。近代思想はそこに哲学の主要な課題があると考える。カントが典型的ですが、真理や正義といったものの存在する場所が個人の内面にあるのだと考える。真理に到達できると考えるわけです。人間が自分のなかにある感性や理性を、純粋にし透明化していけば真理に到達できると考えるわけです。それを曇らせるものに、欲望、衝動、思いこみなどがあるのですが、それを拭っていけば、すでに自分の内面に用意されている能力によって、本当の真理に到達することができると考える。

うんと単純化して言えば、近代以前には神様の声が真理を告げることばとして聞こえてきたのです。その声に耳を傾けて、道を選ぶのがよしとされた。そんな選びかたをすると、失敗もしますが、まあ成功することもある。それでよかったのです。しかしながら、ドイツ観念論の場合には、個人というものが、力強い存在としてあって、その存在は社会のなかでも認識されていましたので、そこに視点を据え、内面的な認識論が展開された。内面的と強くいう必要は必ずしもないのですが、個人を単位とする認識論があり、そして道徳論があった。それが大きな時代的傾向といえるものでした。

が、カントとちがってヘーゲルとなると、そこからさらに先に行こうとするところがある。そのために、社会や歴史にたいして強い関心を抱くようになる。これは、ヘーゲル自身の思想的な質の問題でもありますが、他方、ヘーゲルが生きた時代を背景としたものでもありました。ヘーゲルは一七七〇年の生まれですから、一九歳のとき(一七八九年)にフランス革命が起こる。隣の国の出来事ですから、ヘーゲルのところにまでその波が押し寄せてくる。その時代、ドイツは遅れていますから、進んだ国の進んだ市民革命にヘーゲルは強い衝撃を受けるわけです。自分自身のなかでいかにして内面的な真理を固めるか、ということも大きい問題ですけれども、市民革命を通して登場してくる人権の思想などがもっているインパクトは、これまた強烈なものがありました。しかもその思想は、ルソーあるいはロックといった名を出せば、一人の思想家の頭に宿った思想と考えられもしますが、この時代には、固有名詞のついた思想というよりは、その思想が時代を動かし、ルイ一六世の絶対王政が打倒されていくような、そういう闘いを生み落とす思想だったわけです。隣国でそんな革命が起こっているが、ドイツではまったく様子が異なっていて、国がいくつにも分かれ、およそ国家としての体をなしていないというふうであった。隣国フランスで、事態がそのように進んでいるとき、新しい変革が全体としてもっている意味を考えざるをえない状況だったといえます。

そして、少し遡れば、イギリスで、産業革命という、これまた世界史的な出来事が起こっている。産業革命によって、つぎつぎに新しい機械が登場し、製品が大量に産み出されるようになる。

これもまた、大きな時代の移り変わりを示すものです。それを背景として、ヨーロッパ人はアジアに出かけ、ラテン・アメリカに行き、アングロ・アメリカに押し寄せることになる。そんな人と物の動きそのものが時代を変えることになるかもしれない。こうした事態は、内面に目を向け、そこから人間を見つめようとしている人から見れば、真理から遠いところにある出来事と思われかねない。内面を守ろうとすれば、そういうことにはむしろ関心をもつべきではないという言いかたも十分に可能なのですが、ヘーゲルはそうではなくて、時代の動きそのものに引かれていく、あるいは動かされていくことになる。大きな時代状況として、そういうことがあったのです。

そしてもう一つは、フランス革命のあとにナポレオンが登場し、ナポレオン法典が編纂され、単一の国民国家というものが形成されてくる。これもまた、もう一つの大きな時代の条件といえます。このように、社会や歴史への関心が登場してくる背景としては、市民革命があり、産業革命があり、国民国家の成立がある。時代は、そのように国際的な激動期だったのです。

現実への肯定感と体系的なるもの

『精神現象学』は、時代に促された社会や歴史への関心と、内面の真理を探求するドイツ観念論の精神風土とが衝突したところに生まれた書物です。ヘーゲルは、自分の育ったドイツ観念論の風土を尊重し、カントにたいしても、フィヒテにたいしても、強い尊敬の念をもっています。

激動する時代と向き合いながらも、一方では内面の真理も手放したくないというふうに思っている。が、内面の真理というもののありかたと、街頭に、社会に人びとが猛烈な勢いで押し出し、世の中を変えていこうという運動が生まれるという事態とを統合しようとするのは、ほとんど不可能です。内面の真理と社会的な激動とを結びつけようとしても、その二つは隔たりが大きすぎるのです。

ヘーゲルはしかし『精神現象学』では、分からないながらもその両方に相渉ろうとしている。社会や歴史のほうからやってくるいろいろな運動の様相と、人間の真理をどこに探るべきであり、いかにすればそれを見きわめられるかという問題とをともに扱っている。『精神現象学』においては、それらを分節・整理しきれないままに、社会や歴史の問題をも個人の内面の問題をも、ともどもなかに叩きこむようにして書いているので、あとから読んでもどうやって区分けしていくかが難しい。しかし、その後、問題はしだいに整理されていって、ヘーゲル自身はそのなかの秩序を見つけ出してはいくのですが、『精神現象学』でヘーゲルが身を置いていたのは、非常に困難な状況であったとはいえると思います。

もう一つ加えれば、これはマルクスとは大きく異なるところなのですが、近代社会にたいして、ヘーゲルは強い肯定感をもっている。マルクスは、近代にたいしては批判的な意識を強くもっていますので、そこはきわめて対照的です。ヘーゲルは、市民革命、産業革命、国民国家といったものにたいして、そのすべてを全面的に肯定するといっていいような位置に立つ。それによって、ヘーゲルは時代とともに歩む思想家になり、同時に体系的な思想家という面を兼ね備える。それがヘーゲルの位置であったと考えられる。

体系的であることは、ヘーゲルにおいては大きな魅力の一つだとわたしは考えています。ヘーゲルのあとを追いながら、たとえば日本の社会の全体を体系的にとらえることができないものか、と、いまでも考えているくらいです。それも、日本思想史のなかでそういうことができないか、と思っている。体系的であることを目指すとき、必ずしも絶対条件とは言えないのですが、一つの大きな要素として、みずからが対象としているその世界にたいして、強い肯定感をもつことが必要だと思います。ここはおかしい、あそこはおかしいと思っていたら、それらを大きく視野に収め、過不足なく位置づけて全体を調和的に描き出すことはきわめて難しい。体系的でありうるということは、まずもって対象を肯定しているということです。肯定していればこそ、それぞれの世界で起こっている出来事、あるいは自分が対象としていることにたいして、その魅力を強く引き出すことが可能です。

それにたいして、対象に否定的であったり、批判的であったりすれば、大きく視野を広げて全体的な体系を作るというのは非常に難しいことだと思います。ヘーゲルの場合、体系を作りたいがために肯定的であったのか、肯定したから体系的になりえたのかというのは、判断の難しいところです。わたしの印象では、ヘーゲルにはもともと強い肯定感があって、そのことが体系的な思想をなりたたせる上で、十分に役に立ったのではないか、と思っています。ヘーゲルについて、あまり細かい論議に入りこむことは控えますが、おそらくヘーゲルはある段階まで、まったく体系などを目指してはいなかった。強く批判的であり、新しいものを作り出さなければならない、と、少なくとも『精神現象学』を書くときには考えていた。やがて後期になり、いろいろな社会の動きが、全体の流れとしては承認できる、納得できる、というふうになったときに、はじめて大きく体系が考えられたという面はあると思います。

したがって、ヘーゲル以後に、ヘーゲルの哲学体系は歴史の終焉を示すものだとの批判がよくなされるのですが、そういう要素がヘーゲルのなかにないかといえば、やはりあるといわざるをえない。ヘーゲル自身は、現実にたいする強い肯定感をもっていて、これから先、それほど新しいことは起こらなくても、世界は十分にしあわせな、あるいはゆたかなところに達している、という現実感覚をもっていたと思います。そういうところから、体系というものも、ポジティヴに哲学として提示することが可能になったのではないでしょうか。

対象を肯定的に考えるか、批判的にとらえるか、という問題の上に、改めてマルクスを位置づけるとすればどうなるか。肯定的か批判的かという点では、さきに言ったように二人は対照的ですが、共通点もけっして小さくはない。マルクスは、ヘーゲルが感じていたような、時代にたいする、あるいは社会にたいする感覚の多くを共有していた。ヘーゲルとマルクスは、この他にも共有するものが多かったのですが、歴史や社会にたいする思想態度についても、共有するものが大きかったとわたしは考えています。

ヘーゲル哲学の四つの基本的性格

四つほど、ヘーゲル哲学の特徴を挙げるとすれば、まずその一つは人間主義です。人間というものが地球上の物質的・精神的な活動の成果として存在しているという考えかたです。いまこんなことをいえば、人間の傲《おご》りであるとか、そこから環境破壊が生まれた、あるいは自然にたいする人間のわがままなふるまいが生まれた、などといわれそうですが、少なくともヘーゲル、マルクスの時代には、自然は無限の可能性があるものと考えられていた。未開発の自然が無尽蔵にあると考えられていた。人間そのものが自然や地球の認識の一番基本に置かれ、人間が前に向かって前進することで、自然や地球も新しく開発され、新しい可能性が生まれてくる、と、そう感じられていた時代だったのです。ヘーゲルやマルクスの思想もその基本線から大きく外れるものではなかった。

ヘーゲル哲学の二つ目の特徴は合理主義(ないし理性主義)です。合理主義は、典型的には、ヘーゲルの論理学において、理詰めで対象に迫る、あるいは論理的な筋道をたどり切ることによって新しい世界が見えてくる、という態度として登場します。この点は、マルクスも『資本論』の商品の分析で、事態を徹底して論理的に展開していくという仕方で実践している。こうした論理的・学問的な探究と、社会のさまざまな動きがしだいに透明化されていって社会そのものがゆたかになっていくこととは、どこかで確実につながっている。ただ、マルクスは、完全に合理主義だけで割り切ろうとはしていない。そのことは、またあとで問題にすることになりますが、大きな流れとして、ヘーゲルの合理主義をマルクスも受け継いでいると考えていいだろうと思います。

三つ目の特徴は現実主義です。現実主義とは、この世界で起きている出来事は、この世界で解決できるという考えかたを指します。現実主義に反するものとして、あの世を設定する宗教がある。たとえば、キリスト教はこの世というものにたいして、もう一つ別のあの世を、超越的な神の世界を設定して、そこにおける審判というものを重要視する。そのような形での宗教的な救済を、どこかずれている、あるいは現実そのものに密着したものではない、と否定していくのが現実主義的な態度といえます。あの世での救済といったものをむしろ排除していくことによって本当の解決がもたらされる、とするのが現実主義の考えかたです。文言だけを見るかぎり、ヘーゲルはキリスト教にたいしてそれほど否定的ではないのですが、しかしヘーゲルは、キリスト教を現実のなかにきちんと位置づけなければ、と考えていたことは間違いありません。この世に不合理で、理不尽なことが起こっていれば、この世で解決すべきだ、それを別の世界で救済せざるをえないとするような思想の装置を人間は必要としない、と、そう考える点では、非キリスト教的で、その点はのちのマルクスと通い合うところです。

四つ目が進歩主義です。進歩主義については言うまでもないかもしれません。歴史を考えるとき、もちろんその歩みはジグザグの行進ですが、古代からの人類史を大づかみにとらえれば、明らかに歴史は前に向かって着実に前進しているという考えかたで、そこはヘーゲルもマルクスもおおよそは同じです。

ドイツ観念論は、すでにいったように内面的なものに目を凝らし、個人を基本的な単位としてものを考え、個人の内面を掘り下げることによって、純粋な真理や正義が獲得されるという考えかたを採る傾向がある。それにたいして、ヘーゲルもマルクスも、外に向かって出ていきながら、そこでぶつかるいろいろな事象は合理的であるし、そこで起きる出来事は、きちんと目を凝らして事実を押さえていけば、さらに新しいステップに上がれるという考えかたをする。そういう前向きの明るい思想として人間と世界を語るところは、ヘーゲルとマルクスに共通するものといえるだろうと思います。

しかしマルクスはヘーゲルと似た思想の立場を取りながらも、近代を大きく肯定できないという点では、間違いなくヘーゲルと袂《たもと》を分かつことになる。異なった思想の立場に立っているといえます。

近代の肯定と否定──マルクスのヘーゲル批判

ヘーゲルには、近代というものについての壮大なイメージがあります。歴史を大きく包みこむ近代というイメージです。歴史を古い過去に遡るといっても、原始時代まで行くのではなく、へーゲルの場合には、おおよそ中国、インドあたりから歴史は始まります。アフリカの原住民や、北極圏のエスキモーは歴史の外に置かれます。しかし、文献的に視野に入るかぎりの歴史を大きくとらえ、そしてその流れをずっと追っていくとして、ヘーゲルが生きた一八世紀から一九世紀にかけての時代は、これまでの歴史上の出来事のうちのポジティヴなものは、みんなここに流れこんでいる、とヘーゲルは考えました。それを論理的にきちんと論証できれば、哲学としてはこの上ない充実感があると思います。ヘーゲルは、それをとにかく本気でやってみせた。あとから読めば、思いこみといいますか、妄想に近いものも感じられはするのですが。さまざまな歴史上の重要事は、すべて近代的な思想のなかに流れこんでいって、近代的な世界は、そういうものの集約点としてなりたっている、とヘーゲルは考えました。

歴史の集約点があり、しかもそれが歴史の到達点であるとすると、そう考えることによって、近代がいわば人類史の歩みそのものによって強く肯定されることになる。マルクスはそこまで強く近代を肯定できない。つまり近代を、ヘーゲル的な意味での到達点、長い歴史の歩んできた到達点であるとは考えるが、その近代をそのまま強く肯定することができない。そこがマルクスのヘーゲルにたいする強い違和感になっていく。

その意味では、近代批判が、マルクスの大きな課題になります。そして、近代批判は同時に、近代をいわば歴史の集約点として総合して見せたヘーゲルの哲学にたいする批判にもなっていく。思考が、そういう構造を取ることになるわけです。ですから若い頃のマルクスは、しきりに、哲学は現実を肯定するような理論としてなりたつのではなく、現実を批判する武器にならなければならないと言います。

そこには、両者の年齢的な問題もあるかもしれません。ヘーゲルは、マルクスが批判を始めるときにはすでに亡くなっていて、あとには成熟した体系的な思想が残されている。新しく登場してきた若きマルクスが、その成熟した体系的な哲学にある種の不満を感じ、批判していかざるをえないのは、世代間の関係として当然ともいえる。こうして、ヘーゲル批判あるいは近代批判が、若いマルクスにとっては切実な問題となります。

初期マルクスの人間観・自然観

若いマルクスの批判をテキストに沿ってみていきたいと思いますが、ここでのわたしの視点ないし問題意識は、マルクスのヘーゲル批判・近代批判をマルクスの人間観・自然観とのつながりのなかで考える、というものです。マルクスの現実批判は、やがて革命の思想となって社会変革の問題に大きく踏みこんでいくわけですが、それと平行する形で作られていったマルクスの人間観・自然観を改めて問題としてとらえてみたい。マルクスの近代批判のありかたを資本主義批判という形に一元化するのではなく、哲学の土俵で広く考えてみたいというのがここでのわたしの心づもりです。

まず年譜に沿って、マルクスの略歴と書物との関係を押さえておきましょう。

一八一八年、プロイセンのライン州トリーアに生まれ、その後一八三五年から四一年にかけて、ボン大学、ベルリン大学で法学、歴史学、哲学を学びます。このあたりでは、マルクス自身、哲学のほうに身を寄せています。ボンとベルリンのあいだを行ったり来たりしています。一八四一年にイエナ大学に、『デモクリトスの自然哲学とエピクロスの自然哲学の差異』という哲学的な学位論文を提出します。社会変革とは距離を置いた学問研究の時期です。

その後、一八四三年に『ヘーゲル国法論の批判』を書きます。書いたといっても、これは発表はしていません。同じ年の『ユダヤ人問題のために』は、翌年に『独仏年誌』に発表されている。一八四三−四四年の『ヘーゲル法哲学の批判・序説』は、同様に『独仏年誌』に発表されました。一八四四年に『経済学・哲学草稿』を書きます。これはよく知られた本で、一時期は日本でもあちこちで問題とされました。しかし、執筆当時もその後も、これはまったく出版されていず、内容的にも書かれた草稿のうちの何枚かがぬけていたりして、あまり読みやすいものではない。一八四四年から四五年にかけて、『ドイツ・イデオロギー』を書く。これは一部が出版されています。

このあたりまでが、一往、初期マルクスということになるでしょう。しかし、その後の時期にもわたしは言及したいと思っています。主だった著作としては、一八四八年の『共産党宣言』、これは革命文書です。それから一八五九年の『経済学批判のために』、そして一八六七年の『資本論』第一巻、そこまでを視野に入れたいと考えています。ちなみに、『資本論』の第二巻と第三巻は草稿は書かれていたのですが、マルクスの生前には発表されていません。

さて、いま挙げた、『ヘーゲル国法論の批判』『ユダヤ人問題のために』、そして『ヘーゲル法哲学の批判・序説』『経済学・哲学草稿』『ドイツ・イデオロギー』、そのあたりにマルクスの人間観と自然観があらわれている。ただし、この問題を、マルクスは以後それほど大きく展開はしなかった。マルクスはやはり、経済学の研究のほうに全力を傾注することになりますから。初期マルクスの少ない文言のなかから、マルクス自身が構想していた人間観と自然観を、どのように浮かび上がらせることができるか。これをわたしのもっとも大きな課題としてお話したい。そういう課題に応えるものとして、近代批判、ヘーゲル批判から、マルクス自身が人間をどういうふうにとらえ、自然をどのようにとらえるに至ったかを改めて考えてみたい。野心的と言えば野心的ということになりましょうか。

『ヘーゲル国法論の批判』

『ヘーゲル国法論の批判』から、マルクスは近代批判とヘーゲル批判をいわば重ね合わせるようにして展開していきます。ヘーゲルの『法哲学要綱』の国家論を逐条的に批判するこの論稿は、ヘーゲルの論に寄りそうようにして、マルクスがそれと対立する自分の批判的思想を述べるという形を取ります。マルクスの批判のポイントがどこに置かれているかを、そのなかからつかんでいきたい。

マルクスは近代批判としてヘーゲル批判をするわけですが、批判の対象となる書物としては『法哲学要綱』がもっともよく取り上げられる。もう一つ『精神現象学』があるのですが、これについては丁寧に全部読んだ上で、そこから問題を引き出すというようにはなっていないと思います。マルクスにとって、『精神現象学』は、人間の内面的な問題と、社会や歴史の問題とが混在していて、やはり扱いに困る書物であったようです。マルクスが近代批判を構想するとき、時代の社会状況、歴史的状況にこそ、最大のポイントが置かれる。そのことは、若いマルクスを考える上で、つねに留意すべき重要な視点です。

ヘーゲルの哲学体系のなかで、社会の近代性が一番豊富に盛りこまれている作品といえば、『法哲学要綱』ということになる。だから、『法哲学要綱』が批判の俎上に載せられるのは、それがもっとも批判しやすいからではなくて、ここにヘーゲルの近代思想が、つまりヘーゲルのつかんだ肯定的な近代のイメージがしっかりとあらわれているとマルクスが理解したからです。ここを批判すれば、近代を、またヘーゲルを、もっとも根底的なところで批判することができる、というのがマルクスの着眼でした。マルクスに限ったことではなく、思想の闘いというものは一般にそういうもので、敵の弱みを突くというのでは、本当の意味で思想の闘いとはいいにくい。一番がっちりと語られていて、問題も揺るぎなく立てられているところこそが、もっとも批判に値する。もちろん批判するためには、こちらもそれに匹敵するだけの認識を提示しなければならないし、新しい社会観をなんとか作り出さなければならない。そこで、若いマルクスは、いまだヘーゲルの成熟した思想には及ばないとは知りながらも、しかし近代がこれほど肯定的にとらえられていることは、どうしても納得できない、と批判していく。結局、批判することで自分が鍛えられていくといった、そういう場としてマルクスは『法哲学要綱』を想定している。

そこでさて『法哲学要綱』とはどんな本なのか。その構成を見ておきます。全体が三部に分かれ、第一部が「抽象的な正義」、第二部が「道徳」、第三部が「共同体の倫理」です。第一部は、まあ法律論です。刑法について、民法について語られ、またあるいは、罪にたいしてどんな刑罰をあたえるべきか、などといったことが議論される。ローマ法以来の法学上の問題がいろいろあり、そんななかでいかにしてみなが納得する社会的な正義を打ち立てていくかという議論です。第二部の「道徳」はドイツ観念論的な議論のなされる箇所です。法律というものは、人間の出来事をいわばその外部に立って、概念的に裁くという形を取る。そういう法のありかたにたいして、人間は簡単には納得できない。一度は自分の内面に戻っていって、正しい、正しくないということを決定する拠り所を確認したい。そこに還っていくのは、近代人の内面性のすぐれたところといえます。いったん内部に戻っていって、最終的にもう一回外部に出てくる。それが第三部の「共同体の倫理」です。さきほども触れた、ヘーゲルが社会や歴史に強い関心をもっているということは、こういう構図にもあらわれています。家族、市民社会、国家などを改めて自分の社会哲学のなかに取り入れ、そこでの共同性が社会にどういう構造をあたえているかを分析していく。マルクスは、『法哲学要綱』を全体としてヘーゲルの近代観のもっとも見事な表現だとし、なかでもその最後の「共同体の倫理」の箇所にこそ、ヘーゲルの社会哲学の精髄があると考える。マルクスの論文の題名にある国法論とは、国家をめぐる正義、倫理の問題ということですから、論文が家族、市民社会、国家に焦点を合わせて、そこを批判していくことを示しています。

そこで、マルクスの『ヘーゲル国法論の批判』です。初めのほうにマルクスによるこんな批判があります。

家族と市民社会こそが国家の現実の部分であり、意志の現実的・精神的な実在であり、国家のありのままのすがたである。家族と市民社会がみずからを国家へと作り上げていくのだ。家族と市民社会が現実を動かす力だ。ところが、ヘーゲルによれば、家族と市民社会が現実的な理念によって動かされている。家族と市民社会がみずからの生命活動によって国家の統一を生み出すのではなく、理念の生命活動が内部から家族と市民社会を生み出すのだ。

家族、市民社会が元になって、そこから国家が、あるいは国家の理念が出てくるのに、ヘーゲルでは理念や国家が家族や市民社会を生み出すことになっている。そういう言いかたでマルクスはヘーゲルを批判する。同じことを、別の言葉でこう言っています。

注目すべきは、ヘーゲルがつねに理念を主語とし、「政治的心情」のような、現実に存在する本来の主語を述語にしているということだ。となれば、発展の運動はつねに述語の側で起こることになる。

本来は、主語が運動していかなければならないのに、ヘーゲルの場合は述語にしか運動があられない、と言っている。こういう批判はこの本にくりかえし出てきます。マルクスの言いかたに慣れてもらうために、もう一つ読んでおきましょう。

ヘーゲルは対象から出発して思考を発展させるのではなく、抽象的な論理学の領域ですっかり出来上がった思考に即して、対象を発展させる。政治制度という具体的理念を発展させることが課題ではなく、政治制度を抽象的理念と関係づけることが、いいかえれば、政治制度を理念の生活史の一部に組みいれることが、課題なのだ。あけっぴろげの神秘化だ。

神秘化とは、ものごとを曖昧にするものなのに、ヘーゲルはそれをいわば大っぴらにやっているという。皮肉たっぷりの言いかたですね。マルクスの理解するところでは、神秘化は主語と述語の転倒という形を取る。有名な『資本論』の序文にある、ヘーゲルの弁証法は頭で立っている弁証法だという言いかたと符合します。現実から抽象がおこなわれて理念が生み出されるのではなく、あらかじめ理念が作り上げられていて、それに事象を当てはめていくような、そういう哲学の構成の仕方なのだ、と。これを読むと、「そうか、だからヘーゲルは駄目なんだ」と思いがちですが、ヘーゲルがそんなことをしたわけがない。現実から理念へ、そして理念から現実へ、何度も行ったり来たりしながら理論を作り上げていく。それがヘーゲルのやりかたです。しかし、マルクスの目から見れば、ヘーゲルが観念的に逆立ちしているように見えることは、これまた嘘ではない。思想と思想が出会うとき、とくに異質な思想がぶつかるときには必ずこういうことが起こるのですね。相手の理論に強い不満を抱いたときには、だれでもこういう言い回しをするもののようです。

言い回しはまあ措くとして、マルクスがここで実質的に問題にしているのは、近代の国家が非常に調和の取れたものとしてヘーゲルの『法哲学要綱』に登場してくるということ、そのことです。つまり、家族、市民社会というものは矛盾に満ちたものなのですが、最後に国家が大きく覆いをかけて、すべての矛盾を解決する、といった展開になっている。ヘーゲルは、そのように国民国家、近代国家というものは、社会の矛盾を新たに秩序立てるだけの力をもっていると考えていた。時代はそのようにして、国民国家に向かうと考えていた。たとえば、ドイツとフランスを比べてみれば、フランスはフランス革命を経てナポレオン法典が成立し、人権思想や国家法典を土台とする国民国家が出来上がっていく。しかし、ドイツはまだまったくそうなっていない。

国民国家はできず、国内は数百の領邦に分かれて、それぞれが無秩序に、エゴイスティックに動いている。自分のまわりのそうした動きを見れば、明らかにフランスのほうが進んでいると思える。国民国家の成立によって社会の秩序が保たれるとヘーゲルが考えるのは、無理もないところだったのです。

しかし一方、マルクスがヘーゲルを読み、この論理はどこかおかしいと感じたとき、そのおかしさはマルクスの経験と思考に裏づけられたものです。もちろん若きマルクスには、国家というものがいかに矛盾をはらんでいるかを理論的にきちんと解明することはできない。もっとあとにならなければ、いやあとになっても、マルクスは国家論をきちんと展開はできなかった。展開できないまま、ヘーゲルの国家論には強い違和感を覚え、鋭く批判する。つまり、主語と述語が入れ替わっているとか、市民社会と国家の間がそんなにうまく統一されるわけがないといった批判です。そのとき、マルクス自身、いうならば半ば勘に頼って言っているようなところがある。とはいえ、マルクスがいま現実に見ている国家は、フランスにしても、ドイツにしても、またイギリスにしても、そんなに見事な秩序を保って、統一を維持してはいない。マルクスにそう見えていることは間違いない。

すると、ヘーゲルのこの論理の、なにがいったいおかしいのかを言うために、最終的にマルクスは自分の国家論を展開していき、資本主義の克服を展望するほかはない。それをせざるをえないわけです。この時点ではしかし、それは無理ですから、なにをするかと言えば、ヘーゲルはなぜ国家において最終的な解決が可能だと考えたのか、という点を撃とうとし、以下のように論を組み立てる。ヘーゲルには、もともと近代を肯定する理念が頭のなかにあり、現実をそれに当てはめることによって理論が作り出される。すると、現実を正視することがおろそかになり、理念にうまく当てはまるものだけで、国家の統一的なイメージを作り、もって安心することができたのだ、と。また、これによっていわば歴史そのものをうまく最終的に統一できると考えたのだ、と。

若いマルクスは、そうはいかないよ、という具合にぐさっと批判のくさびを打とうとして、主語と述語が転倒している、といった批判のことばを次々とくり出していく。ヘーゲル自身は、自分が見ている国家の現実、市民社会の現実から理論を作り上げたにちがいないのですが、思想的な資質のちがう人間がぶつかったときには、そこは死角に入ったように見えてこない。そこで、ヘーゲルに見えていなかった事態や条件を論じるために、その論理構成が邪魔をして、ヘーゲルほどの大哲学者でも目が曇らされているのだという言いかたで、マルクスはヘーゲル批判を展開していくのです。

市民社会と政治的国家の非連続性

マルクスの『ヘーゲル国法論の批判』におけるヘーゲル批判の第一点として、主語と述語が転倒している、ということがありました。マルクスの考えでは、主語のほうに事実がきて、述語のほうに理念や論理がくるべきなのに、それがちょうど逆になっていて、理念や論理が事実を振り回しているという批判です。

批判の第二点は、やや内容に踏みこんだ議論です。

国家とは抽象的なものだ。民衆だけが具体的なものだ。

というフレーズがあります。そしてさらに、

ヘーゲルは国家から出発し、人間を主観化された国家にする。民主制は人間から出発し、国家を客観化された人間にする。宗教が人間を作るのではなく、人間が宗教を作るのだが、それと同様に、国家制度が人間を作るのではなく、民衆が国家制度を作るのだ。

これが、二番目の批判の論点です。引用はしませんでしたが、マルクスは立憲君主制のほうが民主制に比べて抽象的・非現実的な面を多くもっていると考えています。しかし、当時は立憲君主制は制度として実際に成立していますから、たんにそう規定するだけでは不十分です。現実に存在するものにたいしては、抽象的・非現実的とされるものがなぜ存在するのか、というところまで踏みこんで論じなければ、政治理論ないしは社会理論としては不十分です。ヘーゲル批判と

して立てられた論点という限りでは、立憲君主制こそ最高の国家体制だとするヘーゲルにたいし、立憲君主制よりは民主制のほうにはるかに現実性があるというテーゼを対置することで、批判していることにはなるわけですが、はなはだ不十分な批判であることは間違いない。

ただ、民衆は現実的であり、国家というものが抽象的・幻想的なものだ、というテーゼそれ自体はきわめて重要な内実をもっている。抽象的である、あるいは非現実的であると言ったからといって、それが現実に存在しないということではない。その先にこそ本当の問題が横たわっているといえます。その意味では、日本の天皇制も同じように考えられる。戦後の象徴天皇は、かつての天皇大権と比べれば、形はやわらいでいるとはいえ、やはり厳として存在している。世論調査によれば、国民の七割から八割が肯定的だという現実があって、これを簡単に非現実というふうにいえる話ではないだろうということはあるわけです。

このあたりは、論理を丁寧に組み上げていかなければならない。テーゼとして抽象的だ、非現実的だというだけで話が済むというほど現実は簡単なものではありません。非現実的なものが現実に存在し、いかにも現実的なものがなかなか現実性を帯びないということは、社会や政治の領域ではたえず問題にしなければならないことです。マルクスはまだここでは、そうした問題に踏みこむに至っていない。ヘーゲルと自分との立場のちがい、ものの考えかたのちがいを鮮明にしていく、というにとどまっています。もちろんマルクスの頭のなかでは、そこから先に出ていって、ヘーゲルとは異なる自分自身の国家像、あるいは市民社会像をなんとしてでも作らなければならない、という強い思いはあったにちがいないのですが。以上が二つ目の批判です。

もう一つ、三つ目の批判としては、市民社会というものと国家とのつながりにかんするものがある。ヘーゲルは政治的な国家という言いかたで市民社会と国家を連続的にとらえるのですが、社会と国家とは簡単に接続しないとマルクスは考える。市民社会と国家の関係は逆立ちの関係だというのがマルクスのとらえかたです。結局は、この三番目の論点が、ヘーゲル批判のもっとも大きな眼目になっていく。市民社会と国家とが連続的につながり、国家が市民社会の矛盾を解決し、統一していく、ということにはならないとマルクスは言う。そして、矛盾を解決するためには、国民国家とはちがう、新しい共同体が構想されなければならないのだというところにいくのですが、その予感がこの市民社会と政治的国家との非連続性という言いかたにこめられていると思われます。

市民社会と政治的国家との分離は、必然的に、政治的市民ないし国家公民と、かれの現実的・経験的現実たる市民社会との分離としてあらわれざるをえない。というのも、国家公民という理念的存在は、当人の現実とは切り離された、現実とは対立する、まったく別の存在だからである。

ずいぶん分かりにくい言いかたです。これだけを読むかぎりは、意味を取りづらいのですが、後年のマルクスの展開を踏まえて考えれば、なるほど、マルクスはここではこんなことが言いたかったのか、と了解できなくはない。しかしいまは、分かりにくいところはそのままにして、次に進みます。

ここで、全体としての整理を試みますと、マルクスにとってはまず、民衆がいわばもっとも地に足のついた存在としてある。それを土台として、その上に作られるものが市民社会です。家族も、もちろんあるのですが、マルクスはあえて家族の問題は取り扱わない。『ヘーゲル国法論の批判』もそうですが、のちの論究でも家族はあえて問題から外しているところがあります。家族論がまったくないわけではないのですが。

市民社会は、人間が欲望のままに動いている生々しい現実的な動きとしての社会であり、その上に政治的な国家がもっと抽象化された存在としてある。さらにその上に、次の『ユダヤ人問題のために』で出てくるのですが、宗教がある。マルクスの目から見れば、このように民衆(人間)、市民社会、政治的国家、宗教というように、だんだんと抽象度が高まりつつそれぞれが層をなしている。もちろん、抽象度が高まっていくからといって、雲の上にまで行ってしまうわけではない。現実に存在するものではあるのですが、しかしそれが現実にどの程度の力をもつかといえば、抽象度の高いものはそれほどの力をもたないというふうに考えられている。

そのように、民衆というもっとも現実的なものから、理念的なものへと高まっていく、あるいは抽象化されていくと見るのが、マルクスの理解の仕方ですが、そうなると当然、現実的であろうとすれば、もう一度、この民衆や人間のレベルに帰っていかなければならない。それがマルクスの考えです。それにたいしてヘーゲルの論理は、理念的にしだいに高まっていき、政治的な国家へ、そして宗教へとたどりつけば、そこで社会全体がきちんと統合されたしあわせな共同体になるという具合に話がまとまっていく。マルクスの思いからすれば、それはちがう、ということになります。そのように簡単に人間がしあわせになるようなものではない、と。マルクスにとっては、実際に目にしている一九世紀半ばの社会は矛盾に満ちていて、たとえば労働者階級はまったくしあわせな境遇を享受してはいない。これは、社会そのもののなかに大きな問題があるからで、その根を探ることこそが、本当の哲学の課題だということになる。ヘーゲル哲学を転倒させてそういう方向にもっていこうとする。

しかし、ヘーゲルはヘーゲルで、国民国家がきちんと成立すれば、だれもかれもがしあわせになるなどといっているわけではない。一人一人を具体的に見ていけば、だれもかれもがみんなしあわせになるというほど話は単純ではない。そこは、ヘーゲルもマルクスと変わらない。たとえば、恋人にふられたこの気持ちをどうしてくれるのだといわれれば、それは国家社会の問題ではないというしかない。しかし、人びとの生きかたを、社会全体として大きく見たときに、平均的にしあわせ度といったものが向上していく。つまり、国家的な施策が社会の矛盾にきちんと対応できていれば、社会全体がしあわせになっていくというふうに考えるのか。それともむしろ、国家というものが、多数がしあわせである社会を作りあげていく上で阻害要因として働いていると考えるのか。そこはものの見かたとして大きく分かれるところです。

若きマルクスは、国民国家の成立が、社会全体のしあわせ度を押し上げさせない阻害要因になっていると考えていた。ヘーゲルのように、社会から国家、そして宗教へとのぼっていくほど、そこに働いている現実の矛盾は薄まっていき、統一的な社会秩序が作られていくととらえるのは、どうやらちがう、とマルクスは考える。ここでのポイントは、市民社会と政治的国家との関係の問題です。政治的国家が完成していけば、市民社会の矛盾が解消されるとはいえない、両者はそのようには連続していない、というのがマルクスのとらえかたです。

そして、『ヘーゲル国法論の批判』ではいまだ漠然とした形でいわれていたことが、『ユダヤ人問題のために』においては具体性を帯びてくる。もっとも、そこでも、マルクスの考えていることのすべてが、きれいに整理されて並べられているわけではないのですが。わたしの若い頃には、マルクスはともかくなんでもすごい、とりわけ『ユダヤ人問題のために』はすごい、ということになっていましたので、この本もよく読めていなかった。本当は論が少しずつ具体性を帯びていくというその過程にこそ、マルクスの思想的な闘いのありさまがうかがえる。そういう読みかたこそ大切なのですが。

マルクスのユダヤ人問題

マルクスの父はユダヤ系の弁護士ですので、ユダヤ人の問題は、かれ自身にとって身近な問題としてあったといえるでしょう。しかし、マルクスがこの問題を深刻なものと考えていたとは思わないほうがいい、というのがわたしの理解です。第二次世界大戦での、強制収容所を初めとするナチスのユダヤ人迫害の陰惨な事実を知っているわたしたちが『ユダヤ人問題のために』を読むとき、どうしてもそうした事実と重ね合わせながら読まざるをえない、ということはあります。そこには、ユダヤ人差別というヨーロッパの歴史に刻まれた長い差別の問題があります。しかし、この本でマルクスが視野に置いているのは、ヨーロッパにとって特別に重大な、決定的な意味をもつ問題というものではなかったのではないか。それがわたしの理解です。

『ユダヤ人問題のために』は、ブルーノ・バウアーにたいする批判として書かれたものです。バウアーは、ベルリン大学でのマルクスの師匠に当たる人です。バウアーにユダヤ人問題についての本があって、『ユダヤ人問題のために』はその本への批判の形を取っています。

しかし、よく読んでみると、ブルーノ・バウアーにたいする批判というよりは、やはり近代社会そのものにたいする批判になっている。とすれば、ここでの最大の敵はバウアーではなく、ヘーゲルということになる。結局、『ヘーゲル国法論の批判』の続きでもあるし、のちの『ヘーゲル法哲学の批判・序説』とも重なるものとして読むほうが、はるかにマルクスの真意をとらえやすいと思います。

ここでのユダヤ人問題とは、いわゆるユダヤ人ないしはユダヤ教徒をめぐる問題圏と、少しずれたところに設定されています。つまり、旧約聖書にもとづくユダヤ教からキリスト教へ、民族宗教から世界宗教へという流れで、ごく常識的に考えられているユダヤ教の色彩はここでは薄い。ヤハウェという唯一神に特権的に保護されているユダヤ民族といった視点は希薄なのです。むしろここでのユダヤ人の像としては、マルクスがいっているわけではないのですが、シェイクスピアの『ベニスの商人』に出てくるシャイロックを思い出すのが自然ではないかという気がします。つまり、この世の中を動かしているのは金銭であり、金銭があらゆる権力もふくめて、人を動かすときのもっとも根にある力である、という考えを強くもつ人です。しかも、金銭そのものは合理的ですから、契約はきちんと守られなければならないと考え、金銭の合理性を社会に貫くことに価値を置くような人です。

おそらくこの時代のユダヤ人は、国家というものを背負っていないのですから、個人としてアイデンティティなり、生きかたなりを確立するためのもっとも重要な基盤ないしは要素として、強烈な金銭的価値観というものをもっていたと思われます。それにたいしてマルクスは、そういう価値観が社会的に根拠をもつことを認めつつ、それをどう乗り越えていくかを考える。ここで問題となっているのは、そういうことです。

その意味で、問題とされているユダヤ教というものを、あまり宗教的なところでは考えないほうがいい。さきほど触れた市民社会と政治的国家とがいかに非連続的かということを、ユダヤ人の金銭感覚ということに即して、マルクスがもう少し明確に展開したいと考えていた、と、そう考えたほうがいいと思います。マルクスの文言に即して考えていきましょう。

ユダヤ人やキリスト教徒の政治的解放、一般的に宗教的人間の政治的解放とは、ユダヤ教やキリスト教からの、一般的に宗教からの、国家の解放である。……国家は国家宗教から解放されたとき、いいかえれば、国家としていかなる宗教をも信奉せず、むしろ国家を国家として信奉するとき、宗教から解放される。が、宗教からの政治的解放は、宗教からの徹底した、矛盾のない解放ではない。というのも、政治的な解放は、徹底した、矛盾のない形での人間的な解放ではないからだ。

ここで言われていることは、今日の言いかたに置き直せば、政教分離ということです。政治的解放とは、政教分離がなされて、国家が宗教から解放されることです。ヨーロッパの国家は、長いあいだキリスト教を国家宗教とする国家だったのですから、そういう宗教の拘束を脱して、どの宗教とも直接にかかわらない形で、民衆の総意として政治がなりたつとすれば、それは一つの進歩だと考えられ、それが政治的解放なのだといわれる。近代の国家はしだいにそういう方向に向かいつつあるが、しかしながら政治的解放は真の人間的解放ではない、というのが、ここでのマルクスの主張のポイントです。

何度もくりかえしていますように、市民社会と政治的な国家というものは、簡単にはつながらない。国家のレベルではどの宗教にたいしても同じように距離をとり、宗教そのものが国家を支配するという形態にはしない。これは近代国家の成立要件としてきわめて重要なもので、たとえば、日本国憲法でも、宗教的な信条に国政は左右されないとなっています。（ちなみにヘーゲルは政教分離の考えには立たない。キリスト教と近代国家とは、互いに助け合って社会を統一すると考えていた。キリスト教は、他の宗教を包みこむような大きな宗教だから、近代国家の基礎はキリスト教でいいのだと考えていました。）さて、マルクスに戻りますが、マルクスの場合には、政教分離というものが、近代国家の本当のすがただとは考えるけれども、その政教分離によって国家が宗教から解放されるのは事実だが、その解放によって、一人一人の人間が、人間的に解放されるとはいえないと考えた。市民社会と国家の非連続性がここにもあらわれているわけです。

たとえば日本国憲法のなかで、人間は信条によって差別されないと謳われていることは、きわめて重要な項目だけれども、その条項がありさえすれば、ごく普通の人たちが、市民社会において、それぞれ完全に差別なく生きていけるかといえば、そうはいかないというのがここでの議論です。

そこに真の人間的な解放はないとなれば、ではいったい、真の解放とはなにかということが問われてきます。その問題を扱う前に、マルクスは政治的国家と市民社会の二重性という考えを出してくる。

完成された政治的国家は、その本質からして、人間の物質的生活とは対立する、人間の類的生活である。人間の利己的生活をなりたたせる前提条件は、すべて、国家領域を外れた市民社会のうちに、市民社会の特性として、存在している。政治的国家がきちんと確立したところでは、人間は、思考や意識の面だけでなく、現実の生活においても、天上の生活と地上の生活との二重生活を送ることになる。共同体の一員と認められる政治的共同体での生活と、私的な人間として活動し、他の人びとを手段と見なし、自分自身をも手段に貶《おとし》め、外部の力に翻弄されつつ生きる市民社会での生活との、二重生活を送ることになるのだ。

政治的国家と市民社会との二重性の問題が、ここでは類的生活と利己的生活、天上の生活と地上の生活という対《つい》の表現によって示されている。そして、政治的国家の確立という場合、そこに向けての進化のプロセスを考えることができる。たとえば近代国家が一定程度確立されたとすれば、そこにはある種の民主主義が、たとえば普通選挙制がなりたちます。普通選挙制とは、政治的な生活において、すべての成人に選挙権があたえられるということです。普通選挙制がなりたつ前には、税金を納めている額によって選別された人間だけに選挙権があたえられる。やがて成人男性の全員にあたえられるけれど、女性にはあたえられない、という時代に入る。そして最終的には、成人女性の全員にもあたえられ、こうして政治的生活における選挙権の平等が実現される。

しかし、国家法によって選挙権の平等が実現されたからといって、市民の暮らしが平等なもの、差別や格差のないものになるわけではない。日々の生活では市民は物質的・精神的な苦労が絶えず、明日を思い悩み、不安を抱えながら生きている。政治的なもろもろの権利があたえられれば、個々の市民社会における生活の物質的・精神的な問題も解決するなどとはとうていいえない。近代国家の確立はそれなりの進歩であるのは間違いないのですが、地上の生活を根本的に解決するものではない、と、そうマルクスは考えるのです。

共産主義社会の原イメージ

しかし、ではいったいどこをどうすればいいのか、なにをどう動かせばいいのか、という大問題が生じてきます。もちろん、簡単に答えが出るわけではありませんが、マルクスはそこに向かって思考を進めていく。その問題を解決するのには、ヘーゲル批判だけではとうてい済むようなものではない、と。けれども他方で、ヘーゲルの論理の組み替えは、どうしても必要だとも考えられていて、ヘーゲルをくぐりぬけてどう人間のなかに降りていくかが問題になります。

たとえば、次のような文言があります。

いうところの人権なるものは、そのどれ一つとして利己的人間を超え出るものではない。

市民社会の一員として、自分にこだわり、自分の私的利害や勝手な思いにこだわる個人を、そして共同体からは切り離された個人を、超え出るものではない。人権をもつ人間は類的存在としてとらえられたわけではない。それどころか、類的生活そのものである社会は、個人の外部にある枠組として、個人の根源的自立性を制限する力として、あらわれる。個々人を結びつける唯一の絆《きずな》は、自然の必然性であり、欲求と私的利害であり、財産と利己的人格を守ろうとする気持ちである。

ここも、分かりにくい箇所です。翻訳においても、こういうところが難しい。人の翻訳の悪口をいっているけれども、おれもまだ駄目だなって思うところです。

引用の後半において、人間の市民社会における基本的な結びつきは、お互いが利己的な利害や欲求を追求することによって結びつくとされる。あるいは自分の財産を守りたい、利益を守りたいという欲望にもとづいて結びついているのだといわれる。そこに、もっとも根本的な問題がある、と。そして、それと並んで、他方に人権の問題がある。選挙権の問題や、ほかのさまざまな政治的権利の問題がもう一方にある。

政治的生活において人権が確立しても、利己的な関係のなかで、それぞれに金銭がどういうふうに分配され、人びとがどのように働き、どういう差別を受けるかという問題が解決されないかぎり、現実生活の問題はなんら解決したことにはならない。政治的な権利は近代社会を秩序立てる上でとても大切なものだけれども、それが確立し、社会に広がっていったとしても、現実の生活上の問題は解決したことにはならない。

日本を例にとれば、法的・政治的な場面で、日本国憲法がそれなりの枠組として機能し、簡単には覆せないのはとても重要なことではあるのだけれども、それが確立したからといって、日々の実質的な生活までが秩序立って統一されることにはならないということ、それがマルクスの主張しようとしていることです。そういう意味では、人権というものは、政治的国家と市民社会の二重性を解決するようなものではないことになる。

ではどうすれば解決できるのか。その問題に直面して、マルクスは『ヘーゲル国法論の批判』とはちがって、『ユダヤ人問題のために』では、自分なりの考えを提示しようとします。『ユダヤ人問題のために』のなかでも、とくに熱のこもった一節です。

現実の人間一人一人が、抽象的な公民を自分のうちに取りもどし、日々の生活や、個人としての労働や、個人的な関係のなかで類的存在となったとき、いいかえれば、人間が「自分の力」を社会的な力として認識し組織し、それゆえに、社会的な力が政治的な力として自分から切り離されることがなくなったとき、そのとき初めて、人間的解放が達成されたといえる。

きわめて抽象的な言いかたではありますが、おそらくマルクスが考えていた共産主義社会、初期マルクスにとっての共産主義社会とは、ここにそのイメージの基本があると考えられます。市民社会と政治的国家との間の二重性が、市民社会の側から解体・克服されていって、天上の生活の側、つまり政治的国家の生活が、市民社会の生活をゆたかにするような方向性をもつこと。それを、マルクスは人間的解放ということばで呼んでいると思います。

人間的解放ということばは、ことばとしては分かりやすいが、その構造を理解するのは難しい。マルクスは、現実の人間は解放されてなどいないと考えていた。マルクスが見ていた一九世紀中葉の社会では、人間はいまだ解放された存在になどなっていない、と。じゃ、どのような存在なのかといえば、疎外された存在ということになると思います。疎外された存在が解放されるためには、社会そのものが変わらなければならない。人間も変わらなければならないし、社会も大きく変わらなければならない。それが、人間的解放ということばで考えられていることです。

『ユダヤ人問題のために』の議論は、ですからユダヤ人がどのような差別のもとにあり、そこからいかにして解放されるのかを直接に問題とするものではない。しつこいようですが、『ヘーゲル国法論の批判』における問題の立てかたと同様に、マルクスは近代社会について、あるいは近代的な人間について、問題をより大きな文脈で考えようとして、そのための一事例としてユダヤ人の問題を出してきている。それも、ブルーノ・バウアーに触発されてユダヤ人問題が取り上げられたということで、実在する歴史上のユダヤ人と直接に関係するという形で、ここで論じているわけではない。

しかし、『ユダヤ人問題のために』の後半には、ユダヤ教とユダヤ人に直接言及するところがあります。ユダヤ人問題と市民社会の問題とのつながりが分かる一節です。


市民社会はその内臓からたえずユダヤ人を生み出してくる。

ユダヤ教の基礎とは、そもそもなんだったのか。実利的な欲求ないし利己主義がそれだ。だから、ユダヤ人の一神教は、現実には、多くの欲求からなる多神教であり、便所行きさえも神の掟の対象とする多神教である。実利的な欲求ないし利己主義は、市民社会の原理であって、市民社会が政治的国家を完全に自己の外に追いやってしまうと、それが純粋に原理としてあらわれてくる。実利的な欲求と利己心の神は、お金だ。

お金はイスラエルの嫉妬深い神であって、その神を前にしては、ほかのどんな神も存立を許されない。


「実利的な欲求ないし利己主義」というとき、マルクスにとってそれは、ユダヤ教やユダヤ人の原理というより、まさしく市民社会の原理です。マルクスはヘーゲルにならって市民社会を欲求の体系ととらえるのですから。したがってここでは、ユダヤ人の問題を扱っているように見えながら、問題は市民社会のありかたにあり、市民社会の原理である欲求や利己主義というものを、市民社会のなかにあっていかにして解決していくかにあるのです。それをどうやって克服していくかが改めて哲学の大きな問題となり、そこに解決の糸口が見出せれば、ユダヤ人差別の問題はおのずと克服されていくと考えられている。大きい枠組のなかでは、ユダヤ人の問題は、まさしく市民社会そのもののもつイデオロギー的な問題である、というのがマルクスの理解です。

人間的解放とはいったいなにか、マルクスのなかでそれはどのように展開されていくのか。ここでは人間的解放はいうならばスローガンのごときものとして示唆されているにとどまりますが、このあとにつながっていく大きな問題であるのにちがいはない。次回以降、『経済学・哲学草稿』を取り上げるなかでこの問題をマルクスがどういう仕方でさらに考えようとしたかについて、わたしなりに読みを深めていきたい。それが、この連続講義でのわたし自身の大きな課題の一つです。人間的解放をどう考えるかは、マルクスにとって大きな課題であったことは間違いないのですから。

人間の解放

これまで述べてきたことを整理するという意味で、『ヘーゲル法哲学の批判・序説』を少し取り上げたいと思います。

彼岸の真理が消え失せたあとは、此岸の真理を確立することが歴史の課題だ。歴史に仕える哲学は、人間の自己疎外の聖なるすがたが暴露された現在、聖ならざるすがたを取った自己疎外の暴露を第一の課題としなければならない。天上の批判は地上の批判となり、宗教の批判は法の批判に、神学の批判は政治の批判になる。

宗教の批判はフォイエルバッハの宗教批判で一往の幕を閉じていい、とマルクスが考えていたことを示す一節です。つまり、宗教の問題とは人間の問題であり、法と政治の問題であるというふうに、視点がひっくり返されるところまでは来た。しかし、現実の法と政治は、いまだヘーゲルの場合のようにむしろ肯定的に考えられていて、国民国家や人権といったものも肯定的にとらえられている。それを、どういう仕方で、もう一回根底的に考え直すか、これが大きな問題だ、と。それは同時に、社会変革の問題と結びついていくことになります。

そのことが、『ヘーゲル法哲学の批判・序説』において、改めてマルクスが提示している問題です。そういう問題提起とともに、マルクス自身、現実の変革の運動に身を乗り出していきます。

理論は、それが人間に向けて展開されるとき、大衆をつかむことができるが、人間に向けて展開するにはラディカル(根本的)でなければならない。ラディカルであるとは、事柄の根っこをつかむということだ。が、人間にとっての根っことは人間そのものだ。

理論と社会変革の活動とはどこでどう結びつくのか。それを考えるときの核になるのが人間というものだとマルクスは言うのです。初期マルクスにとって、もっとも現実的と思えるのは民衆あるいは人間ですが、改めてそこにきちんと焦点を合わせる仕方で、問題を明らかにしていかなければならないというのです。もちろん、ここでの人間は、ドイツ観念論のいう内面的人間ではない。現実に社会に生きる人間です。つまり、人間というものを、市民社会と二重写しになるような、そういう存在として考えるということです。ドイツ観念論の流れからいえば、ヘーゲル、マルクスという連鎖において、人間のとらえかたはしだいに外に向かうことになり、いろいろな社会的関係の複合体として人間がとらえられるようになった。そうした複合体のありようを一つずつ解き明かすことによって、人間の解放のイメージ、あるいは社会変革のイメージを獲得していく。そういう意味での人間の問題が、ここで改めて出てくるわけです。

ドイツの解放は人間の解放だ。解放の頭脳が哲学であり、心臓がプロレタリアートだ。

これは有名な文言ですが、哲学とプロレタリアートとが結合するところに希望があるとされている。このことはしかし、今日でも依然として希望のままに終わっているといわざるをえない。哲学とプロレタリアートとは、今日でも簡単には結びつかない。

以上、初期マルクスの当面していた問題を大づかみに提示してきたつもりです。ヘーゲルとのかかわりのなかで、あるいはヘーゲル批判という形で、自分の考えかたをなんとか明確にしようとして悪戦苦闘しているのが初期のマルクスであり、そこをくぐってたどりついたのが、これまで述べてきたような人間観・社会観だといえるように思います。

【対話】

――略年譜を見ていて思ったのですが、『ヘーゲル国法論の批判』が書かれたのは、二五歳のとき、『ドイツ・イデオロギー』が二七歳、『共産党宣言』が三〇歳です。実に若い。

若くともなにかを言わなければならないという気持ちが強かったのでしょうね。若いからこそ社会変革の思いが強いということもあるでしょうし。マルクスは一時期、大学に所属しようという気持ちをもっていたようですが、それが難しいと分かったところで自分の考えを社会に向かって表現しようとするとき、その思想が時代批判・社会批判の形を取るのはマルクスの若さゆえであるとともに、なにかしら時代の若さといったものも感じられるような気がします。

――ヘーゲルの「現実的な理念」とは、どういうイメージなのでしょうか。

ヘーゲルは、理性が現実を支配している、という考えを啓蒙主義やドイツ観念論から引き継いでいます。人間が知的にものごとに向き合うことによって、そこに問題点も浮かび上がり、それにたいする解決策も出てくるはずだということが、一八世紀以来の経験として強固にあった。その経験を言葉で表現したものが、「現実的な理念」です。ですから、理念としてある種の説得力をもつ文章が出来上がれば、それ自身が現実の表現になっているとヘーゲルは考える。

理念というものが現実のなかからきちんと順を追って作り上げられ、出来上がったものがある種の論理性を確保していれば、その理念自体がきわめて現実的なものだ、という固い信念がヘーゲルにはあったと考えていいと思います。しかし、今日のわたしたちはそのように理念を信頼していませんから、そこはなかなか分かりにくいところです。

――マルクスの時代にあって、市民社会で起きていることで、たとえどのような国家であろうとも、国家の介入によっては、解決できない問題があったとすると、それはどんな問題だったのでしょうか。

それは見やすいことではないでしょうか。私的所有というものがあるかぎり労働者と資本家の間の対立を、国家のなかでは簡単には解決できない。たとえば、賃金をどう決めるかというとき、国家はそんな問題に具体的に介入しようとはしませんが、もし一般的に介入するとすれば、基本的には資本家側に立つことになる。国家の法的理念としての平等や自由といったものと、現実の市民社会の出来事にたいして国家が介入するときの権力の行使とのあいだには、いつもねじれの関係がある。そのことは、初期マルクスの書物のなかでも、労働と資本という主題にかかわるところでは、いろいろと分析されています。まだ国家の問題は前面に出てきていませんが、そうした市民社会の矛盾は資本主義体制のもとではとうてい解決できないとされています。

ただ、現代の福祉国家のありかたなどは、初期マルクスの国家観をそのままそこに適用できるのかどうかは問題です。とはいえ、市民社会と国家をめぐるマルクスの議論はなお有効性をもっていて、両者の非連続性をどのように考えるかということは大きい問題として残っている、とわたしは考えています。

——今日の社会ですと、国家はいろいろなところにサービスを提供するものだとされ、どちらかといえば、なにか問題が起きたら国に任せればいいという雰囲気すらあると思いますが、はたして市民社会の問題に国家は無力なのでしょうか。

国家をサービス機関ととらえるとらえかたはいつごろから力を得てくるのでしょうか。それについて論じるだけの知識も能力もいまのわたしにはありませんが、権力としての国家とサービス機関としての国家をつき合わせて考えるのはおもしろい試みのように思います。

——二重の生活についてうかがいたい。共同体的生活と、私的な人間としての生活との対《つい》が、天上の生活と地上の生活の対《つい》と対応するといわれましたが、共同体の一員と認められる生活のほうが地上的である気がするのですが。つまりは、類的生活ということが、わたしにはうまくイメージできていない気がします。類的生活とは、どのようなものでしょうか。

類的存在、類的生活とは、フォイエルバッハがいい出した言葉で、肯定的な意味をもつ言葉です。フォイエルバッハは、人間が一人の個人として生きているだけではなく、社会性をもって生きているので、そこに人間の人間らしさがあると考えていた。社会性をもった存在として現実の生が、ここでいう地上の生活であり、他方にそれとは別の共同性のレベルがある。国家の法的な人権といったレベルがそれで、マルクスはそれを天上の生活というわけです。国家と市民社会との非連続性を打ち破るような力を人間がいまだもちえていないことを強調するためです。そこで、地上の生活と天上の生活が二重になっているといわれる。

とすると、この二つがどのように結びついて、総合的な一重の生活がなりたつのかが改めて大きな問題となる。「マルクス先生、どうなの?」と尋ねたいところですが、初期のマルクスには、まだそこまでの用意はないのです。

――では、一つの完全なものにいたる過程の存在として、それぞれに便宜的に天上の生活と地上の生活という用語を当てているだけであって、天上の生活といっても、それはとくに理想的なものとしていわれているのではない、と。

そうです。地上の生活と切り離された天上の生活は理想的なものではありません。

――共同体の一員と認められる政治的共同体での生活といえば、それは天上ではなく、地上ではないかというイメージがあるのですが、それは天上と地上に二つに分けるとしたら、どちらに入るのですか。

天上です。天上とは、もともと宗教において想定されるあの世のことですね。あの世ではたして自分はどうなるのかというときのあの世です。マルクスにとって、国家法の宣言する政治的な権利は、まだまだ現実に根を下ろしたものではない。現実の生活の場面で自由や平等を具体的に実現するものではない、と考えられていた。天上という言葉には、なにか浮ついた、雲の上のような話だ、というニュアンスがこめられています。マルクスは、わざわざそういう表現を選んでいる気がします。

――では、地に足がついていないという意味だ、と。

それが、非連続ということなのです。

――宗教は人間の問題であるとするフォイエルバッハにおいて、宗教の問題は解決済みだといわれましたが、それはどういうことでしょうか。

マルクス自身が、解決済みであるという言いかたをしていますね。宗教の批判は法の批判に、神学の批判は政治の批判になる、と。これはおそらく、宗教の問題は、自分たちにとってもう本質的な問題ではないと考えているのだと思います。しかしその一方、今日でもわたしたちは、オウム真理教の事件とか、キリスト教とイスラム教の対立とか、宗教の大問題に直面しているわけで、マルクスが思ったように近代社会は展開していない。宗教の問題はすでにフォイエルバッハで終わっているというようには歴史は動いていない、といえます。

しかし、ここでのマルクスは、本質的な問題は市民社会における人間の問題であって、宗教の問題もつまるところは市民社会における人間の問題だと言おうとしている。そう理解しておけばいいと思います。ただこの考えかたもまたそう簡単に納得できるものではありませんが、マルクスの理解としては一往そういうふうにいえると思います。

第二章　対自然・対人間
——『経済学・哲学草稿』を読む　1——

『経済学・哲学草稿』の位置

きょう取り上げるのは『経済学・哲学草稿』の「疎外された労働」と題される章です。翻訳によって整理の仕方が異なりますが、普通には第一草稿の四とされているものです(岩波文庫版)。次回で扱う「私有財産と共産主義」は第三草稿の二です。『経済学・哲学草稿』に収められた草稿群は雑誌に発表されたり、本にまとめて刊行されたりということは、マルクスが生きているあいだにはなかった。その後もずっと埋もれていました。マルクスが死んで四九年経った一九三二年にようやく日の目を見ることになった。ただ、ほかの作品にはない着想や議論があちこちに見られるので、本の刊行後はときに注目を集めることがあった。わたしの大学時代に、周辺でよく話題になっていたのを思い出します。

もともと完全な原稿として残されたものではありませんし、『経済学・哲学草稿』という題名も、本人がつけた題名ではない。マルクス自身は、もう少しきちんとした完成稿にするつもりだったようです。草稿ですから、書物にするつもりで書いたことは間違いありませんが、結局はそのままになって、生前には発表されなかった。没後ずっと経って、『経済学・哲学草稿』という名を付されて刊行されるわけですが、表題の付けかたはなかなかうまいとわたしは思っています。名前の順序として、経済学が先にきて、哲学があとにくるというのは、本の内容にも合っている。マルクスの展開するテーマとしては、経済学のほうが大きく取り上げられ、それに哲学がくっついているという形です。経済学が主で、哲学が従という比重は、読んだ印象を正直に映していると思います。

『経済学・哲学草稿』は、マルクスが途中で放り出した未完成な草稿ですが、未完成なものである上に、なかに欠損がある。本来あるべきはずの原稿が、一部紛失している。全体がきちんと保存されていなかったようです。

原稿が執筆されたのは、前回取り上げた『ヘーゲル国法論の批判』や『ユダヤ人問題のために』や『ヘーゲル法哲学の批判・序説』よりは少しあと、マルクスがまだ二〇代の後半というときです。内容の展開は、いろいろな点で粗雑です。論理展開の不十分なところがあって、その意味では読みにくい。整理の不十分な未完成原稿ですから、重複もある。前後で文体が合わないというところもあります。

用語の使いかたにも曖昧なところがあるし、またたとえば一群の草稿をくくる表題も、マルクスがつけたものではなく、編集者がつけたものです。今回取り上げる箇所は「疎外された労働」という章ですが、この表題も編集者がつけたものだし、そこに使われた「疎外」ということばからして意味が取りにくいのです。ほかに「外化」ということばも出ますが、どちらも哲学用語の使いかたとして問題をふくんでいます。

「疎外」と「外化」についてはのちほど触れるとして、それとは別に問題となる用語法の一例をあげると、「身体」「体」に当たるドイツ語として Körper と Leib の二つが使われている。二つのドイツ語を同じ意味で用いているのか、意味のちがう使い分けなのかがきわめて曖昧で、そういう点でもなかなかに読みにくい書物ではあります。そうはいっても、内容からすると独創的な論があちこちで展開されるきわめて魅力的な論文で、とくに、マルクスの哲学的な思索の跡をたどる上では、逸することができない。しかも、のちのマルクスの思考の展開は、経済学のほうに大きく傾斜していきますので、『経済学・哲学草稿』の哲学的な思索は、いよいよもって貴重なものと考えられます。

それだけではない。マルクスの革命思想にしても、経済学の分析にしても、一九世紀の世界にかんする批判的認識にしても、学問としての経済学の専門性をはるかに超える大きさをもっているので、そこにこめられた思想的な意味を探ろうとするときには、どのような哲学的な思索がその土台となっているかを、当然に考えたくなる。その意味でも、この『経済学・哲学草稿』は非常に貴重なものです。

さて、「疎外された労働」ですが、これを書くときマルクスはすでに、資本主義的な生産や私有財産制度といったものにたいして強い批判意識をもっていますから、労働そのもののありかたについても、文面にあらわれるかぎり、きわめて否定的に表現されることが多い。ただし、労働がすべて否定的なものととらえられているかといえば、そんなことはもちろんない。否定的な言葉の裏側には、労働が人間にとって本質的なものだという思いがある。労働をきちんと意味づけ、労働を価値あるものとして提示できなければ、人間社会のゆたかさはその像を結ばないというのが、マルクスの強い信念です。

そのゆたかなイメージをこの本からなんとか浮かび上がらせたい。それがわたしの望むところです。いいかえれば、マルクスがとらえていた、人間のポジティヴに生きていくそのすがたを、この『経済学・哲学草稿』のなかに読みこんでいきたいというのが、ここでのわたしの願望です。全体としては否定的な色合いの濃い書物のなかに、どれだけ肯定的なものを浮かび上がらせることができるか、それが話のねらいです。「疎外された労働」の章も、マルクスが現実批判として論を展開する部分が圧倒的に多く、分量でいえば七割から八割近くはそうです。残りの二割から三割が、なんとかそこに明るい光を差しこませようとする、あるいは明るい光を見ようとするものです。わたしは、その二割から三割の光の当たる部分から、マルクスの考えていた人間観・自然観を、なるべくゆたかな形で浮かび上がらせてみたい、と、野心的といえば野心的かもしれませんが、そういう気持ちをもって話をしていきたいと思います。

疎外とはなにか

まず、「疎外」ということばが問題です。「疎外された労働」という表題にも使われているし、先を読んでも、どこでもそのことばが目につきます。何度も何度も驚くほどの頻度で使われていて、しかもその理解はそれほど易しくないという代物ですので、最初に簡単にそのことばの説明をした上で本文を読んでいきます。

ドイツ語で「疎外」は Entfremdung です。英語だと estrangement または alienation, フランス語では aliénation です。ドイツ語ではもう一つ Entäußerung という言いかたがあります。二つのドイツ語を訳し分けるときは、Entfremdung のほうを「疎外」と訳し、Entäußerung を「外化」と訳すのが一般的です。どちらも、そうこなれた訳語とはいえないのですが、一往そういう訳語があたえられている。わたしもほかにあまり適当なことばもないので、そのように使っています。もう少し日本語としてこなれた言いかたに換えるとすれば、あまりうまい訳語ではありませんが、「疎遠なものにする」、あるいは「自分とは別のものになっていく」、「自分とは別のものにされていく」というような感じかと思います。意味を強めれば、「自分に敵対する」という訳しかたもあります。マルクスでよく出てくるのは、「労働から自分が疎外される」、あるいは逆に、「労働が自分から疎外される」というような言いかたです。疎外する主体が、労働であってもいいし、自分であってもいいという、そんな使いかたが可能です。さらには、禅問答のようですが、「自分が自分から疎外される」といった使いかたもされます。

心理的な事柄としていえば、「疎外」の状況にわたしたちもよく置かれるので、このことばはわたしたちにとってけっして縁遠いものではありません。

たとえばわたしのやっている塾の子が中学を卒業し高校を受験するというとき、大抵どこの学校でも面接試験というものがある。志望する学校の一人または数人の教師が面接官になって、受験生が入学するにふさわしいかどうかを調べるというものです。実際にはよほどのワルでもないかぎり、面接で落とすことはないようです。しかし、受験生のほうは緊張しますから、中学校では面接用の指導や予行演習をあれこれするようです。面接室への入りかたとか、歩きかたとか、最初の挨拶の仕方とか、言葉の使いかたとか、です。

さて、教師に教えこまれた子が面接官を前にして表現する「自分」は、本当の自分ではないと考えるのが自然ですね。その子のことを知りたければ、面接の場ではなく、実際にその子の中学校に行って一月なり見ていれば、こういう子なのかと分かるはずです。それがその子の「自分」です。その「自分」とその子が面接の場で示す「自分」とはやはりちがう。そこには自分が自分から疎外されるような状況が作り出されているといえる。わたしはそういう状況をその子にとって好ましいものと思いませんから、「面接はどうしたらいいの?」と訊かれたときには、「いつもと同じ態度で、思ったことをそのまま口にすればいい」と答えるのですが。

面接の場での構えた態度を疎外というなら、それに類したことは、いつでもどこでも普通に起こっているといえます。たとえば電話に出ているときの自分は、少し恰好をつけているな、とか、ふだんとはちがうな、と思えば、自分と電話に出ている自分との間には、ある種の疎外があるということになる。それがマルクスの考える疎外の心理的な側面です。

マルクスはそうした心理的なありかたよりは、労働の現場で労働者が、あるいは労働が、実際にどう疎外されるかを考える。ただ、労働の現場でも疎外の心理が当然生じてくるので、心理的な側面としてだれしも経験するようなことが、疎外ということばで指し示されてもいるわけです。

労働者の疎外、あるいは労働の疎外はやや図式化していうと、こういうふうになります。労働者がその労働によってなにかを作り出すという場合、まず、労働者としての自分というものがある。それからその労働によって作られていく労働生産物というものがある。さて、現場で起こっている事柄を、マルクスは「疎外」あるいは「外化」ということばを使って丁寧に論じていこうとするのですが、まず注意すべきは「疎外」あるいは「外化」が肯定的な意味と否定的な意味との二重の意味をもつことです。「疎外された労働」というときの「疎外」はたしかに否定的な意味の「疎外」ですが、疎外された労働のなかで起こっていることは、必ずしもつねに労働が自分とは異質なもの、疎遠なものになるということではなく、労働者が労働生産物を作り出すときには、プラスの意味で、対象化とか現実化とかいわれるような事柄が起こってもいるのです。自分で一所懸命になにかを作ろうとする。頭のなかで、どうやればいいだろうと工夫をしながら作って、それが出来たというとき、その出来たもののうちに自分が対象化され現実化されているという事態がそれです。

ただ、労働によって労働者のむこうに――あるいは、労働者の外に――生産物が作り出されるという事態をいうときには、マルクスは「疎外」よりも「外化」ということばをよく使います。そのときの「外化」は、労働者の自己の対象化ないし現実化という意味をもち、労働の肯定面や積極性をあらわしています。分かりやすい労働の例として、自力で椅子を作る場合を考えます。その辺の山に行き、どれがいいかなと品定めしながら歩き、使いやすそうな木を切ってきて、座り心地のいい、頑丈で長持ちする椅子を作るとします。そこでは、自分の思いが対象化され、椅子が出来上がる。それによって自分の生活が少し改善され、楽しみが増すことにもなる。自分の頭のなかにあった思いが対象化され現実化されて、労働生産物になったわけで、それが肯定的な意味での「外化」あるいは「疎外」です。

しかしそれが、資本主義社会での商品生産となると、労働生産物が労働者の思いの対象化あるいは現実化されたものだとは簡単にはいえなくなる。これは売り物なのだから、こういうふうに作れ、という指示が上からやってきて、労働者の思いがゆがめられる。時間的にゆっくり作りたいのに、早く作れという強制が働く。それをマルクスは、人間の労働の本来のすがたではないと考えて、それを疎外ということばで呼ぶのです。

そういう非人間的な疎外と、もっと人間的な対象化ないし現実化の両方をふくむことばとして「外化」は使われます。だから、どちらに重点が置かれた使いかたなのかをそのつど考えながら読む必要がある。「疎外」のほうは非人間的な意味で使われるのがほとんどだが、たまに肯定的な意味をもたされることがあって、だからいよいよ悩ましい。

実際、資本主義社会における労働は非人間的な面と人間的な面の両面をもっているのです。対象化ないし現実化する、という部分と、疎外する、疎外されるという部分とが、いつも重なり合うようにしてそこにふくまれる。それを理論的にきちんと区分けするためには、抽象化の作用を働かせる必要があります。「外化」ということばは、両様に重ねて使われる。「外化」にふくまれる両面を区別するとき、ネガティヴな面をあらわすには、疎外ということばが使われ、ポジティヴな面をあらわすには対象化ないし現実化ということばが使われる。大枠としてはそう考えておいていいと思います。

「疎外」にかんしてはもう一つ、ヘーゲルがこの語をどう使っているかに触れておきます。前回いったように、若い頃のマルクスにとってはヘーゲル批判が大きなモチーフだったのですが、この疎外ということばについては、マルクスはヘーゲルから借りてきて使っているようです。「疎外」ということばは哲学の一般用語ではなく、ヘーゲルが『精神現象学』において独自の用語として提示し、それがマルクスに引き継がれています。ヘーゲルとマルクスの近さを示す事実といえますが、ただヘーゲルはこのことばにマルクスほど強い否定の意味はこめてはいない。

ヘーゲルが肯定的な意味で使った「疎外」を、マルクスは強く否定の意味をこめて使った、といえます。

さてそれでは、「疎外された労働」で展開されている議論を読んでいきます。疎外ということばの意味と、その使われかたについて、以上に述べたことを踏まえて読めば、それほど難しくない章だと思います。まずは次の一節です。引用冒頭の「右の事実」とは、資本主義的な生産形態のことを指します。

右の事実に示されているのは、労働の生産物が、労働にとって疎遠な存在として、生産者から独立した力として登場してくる、ということにほかならない。労働の生産物は、労働が対象のうちに固定されて物となったすがたであり、労働の対象化だ。労働の現実化とは労働を対象化することだ。こうした労働の現実化が、国民経済学の当面する状況の下では、労働者の価値低下としてあらわれる。労働の対象化が、対象の喪失ないし対象への隷属としてあらわれ、対象の獲得が、対象の疎外ないし外化としてあらわれる。

労働者は労働によって新しいなにかを作り出す。それが労働の対象化とか現実化とかいわれることで、対象化されたもの、現実化されたものが労働の生産物です。労働者の労働が対象化されて労働生産物となる、という過程を見るかぎり、そこには労働の価値を貶《おとし》めるような疎外は生じてはいない。が、資本主義的な生産にあっては、そこに疎外が入りこんでくる。労働の対象化たる労働生産物が労働者のものではないからです。

労働者は自分の生命を対象に投入する。と、その生命はもはやかれのものではなく、対象のものとなる。労働者の活動が大きくなればなるほど、労働者は対象を失うことになる。労働の生産物はかれのものではない。生産物が大きくなればなるほど、かれ自身は小さくなる。生産物の形を取った労働者の外化は、かれの労働が対象となり外的存在となる、という意味をもつだけでなく、それがかれの外に、かれから独立した疎遠なものとして存在し、独立した力としてかれに立ちむかうようになることを、いいかえれば、かれが対象に投入した生命が疎遠なものとしてかれに敵対することを意味する。

これが、マルクスの考える疎外された労働、あるいは労働が疎外されるというありかたの基本的な形です。そこでこの点にかかわって、マルクスとヘーゲルとのちがいを述べておきたいと思います。

労働は、労働者当人の自己が対象化され、現実化されていくことです。が、その過程は同時に疎外、あるいは外化へと向かわざるをえない、というのがマルクスのとらえかたです。

ヘーゲルの場合は、労働が対象化されたのちに、その対象化されたものがもう一度自分にもどってくる過程を考える。それが、ヘーゲルの考える疎外のありかたです。ヘーゲルでは、一回外へと出ていったものが、再び自分のなかにもどるということになる。もどってくるというのは、所有の関係のなかでは、ごく普通にあることです。たとえばさきほどの、木を切って椅子を作るという場合、たとえばだれか、自分以外の人のために椅子を作ったとしても、その人が自分にとっては非常に大切な人で、その人に使ってもらうことで自分がゆたかな気持ちになるということがある。贈答とはそういうものですね。そのとき、椅子は自分以外の他人のものになるのですが、作った人の自己が対象化されたものを、その人が使うことによって、作った人と使う人との関係がきちんと出来上がっていれば、作った人は疎外感ではなく充実感をもつことができる。そういうことであれば、否定的な意味での疎外は、そこにはない。また、作ったものを、自分のそばに置いておいて使う場合もそうです。あのときはずいぶん頑張って作ったな、とか、これはさすがに使い心地がいいな、とか、自己満足しながら使うことができます。このような例では、自分が実際に作り上げたものが、もう一回作った自分にもどってくるという過程がなりたっています。

これが商品の場合、決められた時間のなかで作らざるをえず、作ったものがどこにどういうふうにいくかも分からないままにして作ることになる。そうした生産様式が広く一般化していくと、とにかく時間に追われ、指示に追われて作りつづけることになり、作ったものがもう一度、作った人の自分にもどってくる過程は成立しにくくなる。それを心理的に補うものとして、労働の対価としての金銭が支払われるという過程を考えることができる。作った生産物が、自分にそのまま返ってきて、そこに充実したゆたかな関係が出来上がる代わりに、いくらかのお金が支払われて、それで各人が勝手に自分の生活をなりたたせる、あるいは好きなものを買う、ということになる。労働生産物が疎外される喪失感を金銭的な見返りによって埋め合わさざるをえなくなっているわけです。マルクスはそこにこそ大きな問題があるという。そのことが、人間と労働ないしは労働生産物との関係をどういうふうにゆがめていくのか。そこに近代社会の大きな問題があり、解決されるべき問題が潜んでいると考える。商品生産的な様式が広がって全体を覆い、それをシステムの中心に置いていかざるをえない社会のなかで、そこでの疎外がいよいよ避けて通ることのできない問題になっていくことを読みとり、いかにしてこの問題を解決していくべきかというところへ踏みこんでいくわけです。

マルクスの問題意識の展開を少し整理しておきます。労働の対象化されたものが、それを作った当人にもう一度もどっていく通路は、社会のなかにまったくないわけではない。しかしそれは、いつでもなりたつというようなものではなく、マルクスが見ていた同時代の社会では、それはどんどんなりたたなくなっている。マルクスの目には、おおよそ以下のように見えていたと思われます。近代化していく社会のなかで、もろもろの技術は大いに進歩し、生産力はどんどん高まっていく。そして、当然のごとくに社会全体は豊かな富を抱えるようになっていると見えるのに、実際に働いている人たちは、労働そのもののなかでむしろ自分を失うことになっている、と。その状態をマルクスは、疎外ということばで強く打ち出そうとしたわけです。

それは大問題で、それをいかにして克服していくかということは、改めてのちのマルクスの取り組む課題になっていくのですが、とりあえずこの段階では、そういう社会状況のもとで疎外が問題にされたといえると思います。

労働の価値と意味

マルクスの疎外ということばを理解するためには、労働という行為それ自体について、改めて考えてみる必要があります。マルクスは終始一貫、それこそ若い頃から亡くなるまで、労働が人間にとってどういう意味をもつのかということをずっと考えつづけた人です。そのマルクスの労働観をうかがうには、その時代に労働というものがどういうものとしてあらわれていたのか、労働の価値と意味がどういうふうに経験されていたのか、ということを合わせて考えてみる必要があると思います。

そのことを考えるにあたっても、やはりヘーゲルが手がかりになる。ヘーゲルは、現実の問題のほとんどすべてを、自分の哲学に引きこむようにして論を展開していますから、ヘーゲルとの比較がマルクスを理解する上でもきわめて便利といいますか、分かりやすくなるところがある。

ヘーゲルの理解によれば、労働とは、きわめて人間的な行為です。労働という行為は人間にしかできないことであるし、自分の力がそこで発揮されるという意味では、人間にとってかけがえのない行為である、と。ヘーゲルにとっては、人間というものがどういうふうに動物と区別されるのかが重大な問題でした。近代に入ってそれは重みを増してきた問題で、近代以前ですと、神と比較して、人間とはいったいなんなのかが大きな思想的な課題でした。しかし近代では、超越的な神の世界に代わって、現実のもろもろの存在のほうが問題になり、人間と動物との比較が改めて問いとして浮上してきた。人間と動物がちがうことは、常識的にはみんな分かっていることだといえそうですが、思想の場面でそれをどう考えるかということが、思考の道筋を決める重要な問題としてあらわれてきたのです。

そのとき、ヘーゲルは労働に注目した。労働こそが人間的な行為であり、動物にはおよそありえない行為だと考えた。しかし、その一方、精神性という点では、労働はさほど高度なものではないととらえた。ヘーゲルの著作でいうと、初期の『精神現象学』に労働の概念が出てくる。意識から自己意識へと移った段階で、有名な「主人と奴隷」の弁証法のうちに労働が大きく登場します。そこでは奴隷の労働が人類にとってどういう意味をもつのかが問題とされ、労働によってその奴隷と主人との関係が逆転していくさまが語られる。若きヘーゲルの弁証法的思考の冴えを示す箇所で、ヘーゲルが労働をそのようにとらえていることに、マルクスも驚くべき鋭さを見ている。しかしその後ヘーゲルは、労働というものをそれほど大きな課題として取り上げることはありません。ドイツ観念論の流れからすると、それは当然ともいえることです。では、ヘーゲルはなにを取り上げたのか。

ヘーゲルにとって精神性の高い行為とは、たとえば国家を支配するといったような行為、あるいは戦争の行為でした。戦争にたいして、ヘーゲルは否定的ではありません。戦争に出ていき、国のために戦うことは、精神性の高い行為と位置づけられる。そしてさらにその上には、すぐれた芸術作品を作るといった芸術的な活動と、天上の真理に向かい、それをみずから獲得し、人びとにも開いていくという宗教的な活動があります。そして、行為の最高位に位置づけられるのが、学問や哲学の行為です。自分のやっていることが人間最高の行為だと言わんばかりです。

このような序列づけはふしぎでもなんでもない。学問あるいは哲学という知的な営みより、労働のほうが高いというのは、ヘーゲルの時代には考えられないことです。もちろん今日のわたしたちからすると、学問が無条件に人間活動総体の最高位に置かれるのは、なにかしらおかしいことに感じられる。しかし、ヘーゲルの時代に、学問の価値が高みに置かれることは、なんら不自然なところはない。

しかし、マルクスは、学問や知的な営みを人間活動の高位に置く、そうした考えかたにたいしては、はっきりとそれはちがうという立場を取る。ここのところは見落としてはならない点です。マルクスは、労働がもっとも人間的な行為であり、もっとも人間的な生命活動であるという言いかたをする。『経済学・哲学草稿』に出てくる考えかたです。これはマルクスの革命思想ともつながる考えかたです。

マルクスは、近代へのヘーゲルの全面的肯定にたいして強い近代批判の立場を取ります。ヘーゲルは学問、芸術、宗教もふくめて、社会が全体として国家を作り上げ、その国家を媒介にして社会が安定した秩序を具えるようになると考え、そのような近代をほぼ全面的に肯定する。それにたいしてマルクスは、現実の社会はすべての人間が真にゆたかになるようなものにはなっていない、と考える。すべての人間が自由であり、平等であるという近代の人権思想は、社会のなかに本当に根を張るところまで行ってはいない。いまわれわれが目の前にしている社会には、どこか根本的に欠けたところがある、と、そう考えた。その根本的な欠落の一つが、労働のありかたと関係をもつわけです。

ヘーゲルのように、人間の行為をその精神性にもとづいて序列化するとき、その一番高位に置かれるのは芸術活動や宗教活動、そして学問的な活動ということになるでしょうが、そうした活動は社会のなかでいえば、どのように考えてもエリートの営みです。特権的な位置をあたえられた人、あるいは特別の能力がある人、そういう人たちがそうした活動に携わる。しかしながら、それらの営みが、そういう特権的な人たちのためだけになされるのではないということも、これまた事実です。

マルクスにしても、エリート層が努力に努力を重ねて人類の精華と言われるようなものを作り上げるということに否定的であるわけではない。ただ、そのことによって、社会全体がゆたかに秩序立てられるとは考えない。やはり、そこにはなにかが欠けていると考えます。ごく普通の人たちが当たり前に生きているところで、その人たちがどれだけのゆたかさを享受できているかがまず問われねばならない、と、マルクスは考えるのです。普通の暮らしのなかでの活動と享受のうちに社会の本質があらわれていると考える。それとエリートの活動や享受とのあいだに隔たりがあるとき、エリート層の芸術活動や宗教的な信念や学問的な研究の精神性を、社会全体の尺度にもってくるというのは、根本的にちがうのではないか、とマルクスは考えるわけです。

そこで、社会の全体に行きわたるものとして、いったいいかなる人間的な行為があるのかと問うとき、それにたいする答えが、労働だということになる。労働とは、普通の人も特別な人も、いろいろな形でそれにかかわらざるをえないものだからです。そういうものとしての労働を取り上げて、マルクスはそれに目を凝らす。そして、労働が社会全体のなかで疎外されている、つまり、本来の労働のありかたとしてなりたっていないことに大きな問題を感じ、この地点から新しい社会の構想を始めようとするのです。

そういう形で労働を問題にしようとすれば、理念や国家という抽象的なものを通して現実に向かうのではなく、なによりもまず民衆の現実を見つめざるをえない。民衆のなかにもどっていくしかないとはマルクスがくりかえし言うことです。そして、民衆の現実を見つめるには、どこにどう目をすえればいいのか。そう考えたとき、民衆の一番基本的なありかたとして、労働というものが大きく浮かび上がってきた。その構造を客観的に分析していけば、そこから新しい社会のイメージが出てくるのではないか。そういう考えに立つのが『経済学・哲学草稿』のマルクスの位置です。

マルクスが生きた一九世紀中葉の時代に即していえば、労働者の暮らしは日曜日ぐらいは多少休養できたかもしれませんが、基本的には毎日が苛烈な労働の連続だった。だんだんに八時間労働というものが定着してくるのですが、実際、恐ろしく長時間の重労働によって、ようやく社会がなりたつといった、そんな時代です。ですから、労働という行為がもっとも現実的なものとして大きく目に映るというのは当然でした。二一世紀のたとえば日本の現実を見れば、もちろんそこでも労働の問題はとても目をつぶってやりすごせるような小さい問題ではないのですが、しかし週休二日制の定着一つを取ってみても、マルクスの時代と同じ様相をもつと考えるわけにはいかない。人びとは労働以外のものにもいろいろな価値を見出すようになってはいるので、たとえば、遊びや旅行にあてる余暇というものが、それなりに大きな人間的な意味をもってきているとはいえる。マルクスを読む上でも、その点は踏まえておく必要があると思います。

マルクスの考える労働と、それにたいするマルクスの強い思い入れは、いまいう時代のちがいを踏まえるとき、見えかたがちがってくるという面があるかもしれません。たとえばいまごろになって派遣労働が問題とされ、現場での苛酷で過密な労働の実情が明らかになってきて、改めてマルクスが読み直されているという。それはそれとしてきわめてタイムリーなことですし、いかにも必然的なことであるにはちがいない。しかし、マルクスの労働についての考えかたがいま見直されるようになったからといって、時代を超えてマルクスのとらえた労働をそのまま現代に通用させるわけにはいかない。労働以外のものの価値を、人間の活動全体のなかでいかに考えるべきかということもまた、改めて問われている。マルクスがその時代に展開した論の形は、それとして非常によく分かる。けれども、マルクスがいまのわれわれとは必ずしも同じ状況を前提にしていたわけではないことも事実です。そこを考えながら読むことが、いまマルクスを読むおもしろさの一つだと思います。

労働の疎外と労働の人間性

労働が人びとの生活のなかで圧倒的な比重を占める社会にあっては、「労働の疎外」は、疎外のなかでももっとも非人間的な疎外だといえる。労働はもともと人間にふさわしい、人間らしい活動であって、そこには人間的な価値がこめられている。人間的な価値がそこに集約されるようにして、労働は歴史的に存在している。したがって、労働が疎外されているということは、人間性という観点からすれば、もっとも非人間的なことが起こっているわけで、マルクスはそこに強い批判の目を向けます。

と同時に、近代社会のうちに疎外なるものが組みこまれているのだとしたら、労働のうちにこそ疎外の本質がくっきりとあらわれているということでもある。ですから、マルクスが「疎外された労働」に焦点を絞って論じていくとき、自分がいままさしくやろうとしていることは、現実に起こっているきわめて重要な問題に強い光を当て、そこにいったいどれだけの非人間的な矛盾が秘められているかを明らかにすることだ、となります。

さて、そういうことだとしますと――ここから先が、わたしの『経済学・哲学草稿』の読みということになりますが――、労働の疎外を言うときには、その一方で、労働の人間性ということについてはっきりした考えを打ち出さなければならない。疎外されない本来の労働のすがたを打ち出さなければ、疎外のありさまと意味を明確に伝えることはできないはずです。疎外論の土台をなすものとして、労働の人間的なすがたを浮かび上がらせる必要があり、それはポジティヴな労働像ということになります。それをどのような仕方で浮かび上がらせるかが、マルクスにとっても大きな問題でなかったはずがない。つまり、疎外は駄目だと言われ、否定すべきものとしてそれが語られるとき、疎外されない労働、本来のありようとしての労働というものが当然考えられている。それはどんな労働にも見てとれるはずで、いうならば奴隷労働や強制労働についても労働の人間性を語りうるはずです。そこでは、疎外の力があたかも暗い雲のように大きく覆ってはいますけれども、そんななかでも労働の実際のありようのうちには、人間的なものがうごめいているはずです。いかにすればそういう労働のポジティヴな側面を『経済学・哲学草稿』から読みとれるか、それを一つの読みかたの可能性として考えてみたい。

そこでまず、いくつか労働をポジティヴにとらえた言葉を取り出してみます。その一つとして、マルクスが労働という言葉の言い換えとしてよく使う「生命活動」という言葉があります。ドイツ語で言えば Lebensaktivität です。人間が生きているというとき、「わたしが生きている」という感覚は、人間の労働のうちにはっきりとあらわれている、とマルクスは考えます。ごく普通の労働を例にとってももちろんかまわないのですが、強制労働であっても、人間が自然に向かい、そこにいろいろな形で自分なりのなにかを刻印しようとし、新しいものを作り出そうとするとき、そこには人間が生きている。「生きている」という感覚が人間と対象との関係のなかに行為としてあらわれる。労働がそういうものであるとすれば、それは人間にとって生きている力をどのようにも高揚させ、生きているという充実感をしっかりと感じさせるものであり、そこに労働の人間性があるとマルクスは考えます。

さらに視野を広げて、労働が人間と自然との交流の一番基本的な形だとマルクスは考える。ここではしかし、自然ということばの使いかたと含意について注意が必要です。マルクスの場合には、自然というものは労働の対象として、つまり人間がそれをいろいろな形で利用し、開発し、そのようにして自分たちの生活をゆたかにしていくものと考えられている。あくまでも自然は人間の行為の対象として考えられている。そういうとらえかたは、たとえば美しい風景を前にしてうっとりするとか、あるいは山に登り、なにもせずにただボーッとしながら、自然と自分との牧歌的な交流を肌に感じるということからは外れる観念です。マルクスはしかし、労働によって自然をさまざまに利用し改良していくことは、自然とのゆたかな交感に背を向けることではない、と考えています。

自然ということばは、『経済学・哲学草稿』のなかに何度も出てきます。改めてそこを読みながら考えていきたいのですが、マルクスは人間と自然との交流を人間の暮らしの土台に置いている。人間は自然と切り離されては生きていけない、ということを人間の生活の基本条件と考える。そして、自然の存在としての人間が、自然に恵まれ、また自然を自分たちにとって心地よいものに変えていきながら、自然との交流のなかで生きるということが、まさしく労働の人間的な意味であり、そうした自然との交流を労働のなかで確かに実感できる、と、そうマルクスは考えます。

それに加えて、労働とは、人間が意識的におこなうことであり、人間が自由に活動を展開できる領域なのだということがあります。これは必ずしも労働に限った規定ではないのですが、マルクスが労働の人間性について考えるときには、労働の現場において、人間は自主的に、主体的に目配りをし、自由にふるまっているのだと考えています。これも見落としてはならない重要な点です。

さらにもう一つ、すでに触れた類的生活や類的存在というものが、改めてここで問題になってきます。人間が類的な存在であり、類として生きているということが、労働の場でくっきりあらわれてくる。しかも、その類的な生活が、一人一人の労働によって一歩ずつ前へと進んでいく、そんな構造としてマルクスは労働を考えようとする。

以上のように並べてみると、マルクスは労働というものを、ただたんに苦労だけが目につく、苦しくともつらくとも我慢しながら動きまわる活動とはまったく異なった、大きなスケールのもとで考えていたことが分かります。類的生活や類的存在を発展させるということは、これまで人類が気の遠くなるほどの時間をかけて築いてきた、さまざまな成果、知恵、あるいは法則にたいする理解、そういうものがわたしたちの労働のなかに組みこまれていて、そういう人類の成果の上に立ってわれわれは現在、改めて自然と対峙しているのだという、いうならば歴史的な厚みを浮かび上がらせる考えかたです。そう考えると、労働はたんに限られた場面での限られた活動にとどまるものではなく、ずっと世界大に広がっていくような人間の大きな流れに棹さすものだといえる。そんなふうに空間的にも時間的にも大きな広がりをもつものとして、一人一人の、なんということのない日常の労働がおこなわれている。労働とは、そうした広がりをもっているのだというとらえかたを、ここでマルクスはしようとし、そういうありかたを労働の人間性ととらえようとしている。

そういう人間性のゆたかな労働が、資本主義社会において疎外されていることにマルクスは強く憤るわけですが、疎外のそのむこうにある労働についてマルクスはいったいどのようにイメージしていたのかを、以上の四つのポイントにまとめてみました。

改めて四点を箇条書きふうに整理すると、

一、労働は人間の生命活動であり、生きていることを確証するものであること。
二、労働は自然と人間との交流であること。
三、労働は人間の意識的で自由な活動であること。

四、労働は人間の類的生活を作り上げ、発展させるものであること。

この四つが、いかに展開されていくのかを本文に即して見ていきます。

自然と労働

労働を人間にとってきわめて価値のあるものとして位置づけようとする、『経済学・哲学草稿』の裏のモチーフを四項目にまとめたのですが、それらは本文にどのようにあらわれているでしょうか。

まず、生命活動、生きていることの確証について。

労働者は自分の生命を対象に投入する。

マルクスは生命ということばが労働を考える上での鍵であることを、このように表現します。つまり、労働とは人間が自らの生命を充実させ、生命を対象に向かって放出していきながら、自分の命も守っていくという、そういう活動と考えられている。その一方で、これは労働と生活の近しさをも表現していることばです。生命のドイツ語 Leben には生活という意味もあるのですから。そのような生活のただなかでの生命活動として労働があるということが、まず第一点。

次に、自然との交流について。

労働者は、自然なくしては、感覚的な外界なくしては、なにものも作り出すことができない。自然こそ、労働が現実化する素材であり、労働が力を発揮する素材であり、また、生産の出発点とも媒介ともなる素材だ。

だが、自然は、労働がその力をぶつける対象なしには生きていけないという意味で、労働の生活手段を提供するとともに、他方、もっと狭い意味での生活手段を、つまり、労働者の肉体的生存の手段をも提供する。

ここでは自然との交流のなかで人間が生きていくという生命活動の本質が取り出され、さらには、生活をしていくということと労働との切っても切れない関係が考えられています。そこから、今度は人間の側から積極的に自然とかかわるものという意味での労働が出てきます。

ここまでをまとめてみますと、人間が生きていく場として、まずは基本的に自然というものがある。これは人間の肉体を考えれば分かりやすい。肉体は自然の体として生きていくしかないのですから、自然が基本というのは当たり前のことです。腹が減れば食べるしかないし、水や食べものがなくては生きていけない。それを踏まえていえば、人間が体をもって生きているということ自体が、自然として生きていることになる。要するに人間の肉体とは、自然そのものだ、と。しかも、その自然そのものである人間の肉体が、生命体として生きていくためには、ただじーっと存在しているわけにはいかない。石ころや土のかたまりなどは、動かずにじーっとしているという仕方で、存在が可能です。が、人間のように生命活動として肉体を維持していくには、ただじっとしているというのでは生きていけない。有機体が自然のなかで生きていくには、まわりの自然との物質代謝が必要で、そのためには動かなければならない。それが人間にとって自然のなかで生きるということです。

そしてもう一点、労働の対象、あるいは労働の素材としての自然がある。労働について考えるときには、こちらのほうが圧倒的に重要な問題になる。それにたいしてわれわれが働きかけ、そこからさまざまなものを作り出し、それらを積み上げていくという、そういう活動のもとになる自然です。自然とのそのような積極的・活動的な交流が労働にほかならないが、その労働の蓄積によって文明が進歩してきた。そのことを大きな枠組として踏まえる必要がある。そういう大きな歴史の流れのなかで労働をとらえる必要がある。したがってわれわれがいまこうして最新の文明を享受できるということは、幾千年、幾万年にわたる何億人もの人間たちの労働の集積として文明があるからだと考えなければならない。実際にそうでしかありえないですね。

われわれが歴史を見るとき、原始時代っていうのは生きていくだけで大変だったろうなと一方で考えながら、他方で、でもそこでも人類は立派に生きていて、その時代なりの楽しみもあれば、充実感もあったのだろうな、と思う。そのとき、ふしぎな感覚に襲われるのは、人類史という大きな労働の継続性のなかにわれわれの現在もまたあるということです。過去にさかのぼればさかのぼるほど、その生活はわれわれの現在とは大きく異なるものになっていく。しかし間違いなく、そこからの一歩一歩が現在を作り上げた。一歩一歩のつながりを見れば、さほど変わらないものがずっと積み重なってきて、何千年、何万年を経るというふうになった結果として、いまがあるということです。そういう大きな流れのなかでの労働のすがたを考えれば、自然そのものも形を変えながら、ずっと人間のそばにあり、そうしたものとしてのわれわれの生活、あるいは人類そのものの生活を支えてきたと考えることができるわけです。人類史の流れのなかにあるそういう労働によって、働きかけの対象である自然が高度化していく、と『経済学・哲学草稿』のマルクスは考えます。人間の文明化と自然の高度化が平行して進むような自然と人間との交流をマルクスは想定しています。

人間の普遍性は、実践的には、まさしく人間が自然の全体を自分の非有機的身体とする普遍性のうちにあらわれるので、そこでは、自然の全体が直接の生活手段であるとともに、人間の生命活動の素材や対象や道具になっている。自然とは、それ自体が人間の身体ではないかぎりで、人間の非有機的な肉体である。人間が自然に依存して生きているということは、自然が人間の肉体だということであり、人間は死なないためにはたえず自然と交流しなければならないということだ。人間の肉体的・精神的生活が自然と結びついているということは、自然が自然と結びついているというのと同じだ。人間は自然の一部なのだから。

引用の最後のところからは、自然が、人間を、またそれ以外の植物・動物、あるいは鉱物までをも大きく包んである、というイメージをマルクスが抱いていたことが分かります。それと同時に、そんな自然の全体を人間が対象化し、自分たちの身体に合うように作りかえる。そういう形で自然との交流を広げていく。それが人間にとっての自然の価値であり、意味であるとマルクスは考えます。そういう自然は、人間の思考や活動と調和するものとして想定されている。ここでのマルクスは、疎外された関係を主題の中心に置いてはいません。反対に、自然と人間が調和して生きていくといったイメージを語っているのです。

現代を生きているわれわれからすると、人間と自然との調和という考えはやや楽天的にすぎる気もします。人間が自然にたいして自然破壊や環境破壊といわれるような破壊の力をふるってしまうという今日の歴史的な経験からすれば、ここに描かれているような、人間が自然と交流し、共存しながら生きていくというイメージは、そう簡単に受けいれられるものではないと考えたくもなります。それが二一世紀の自然観の一面をなすことは否定できませんが一九世紀を生きたマルクスは――そして同じくヘーゲルも――、こういう形での調和の取れた自然と人間の交流が、人間の労働の本質的なありかただ、と考えていました。

自由な意識的活動としての労働

さて次に、労働が人間の意識的で自由な活動であるという点についてですが、労働は自然を対象とし、自然を道具とし、自然を素材とするものですから、労働が意識的で自由だということは人間と自然との関係が意識的で自由なのだということです。そこで改めて自由という問題が出てきます。

動物は自分または自分の仔が必要とするものしか作らない。生産が一面的だ。ところが、人間の生産は普遍的だ。動物は目の前の肉体的な欲求に従って生産するだけだが、人間は肉体的欲求を離れて自由に生産し、自由のなかで初めて本当に生産する。動物は自分自身を生産するだけだが、人間は自然の全体を再生産する。動物の生産物は動物の生身《なまみ》の体にぴったり寄りそっているが、人間は、その生産物と自由に向き合うことができる。動物は自分の属する類を尺度とし、その必要に沿って形を作るだけだが、人間はあらゆる類の尺度に従って生産することができるし、至る所でその場にふさわしい尺度を対象にあてがうことができる。だからこそ、美の法則に従って形を作り出しもするのだ。

かくて、対象世界の加工という行為において、人間は初めて、現実に自分が類的存在であることを示すといえる。この生産こそが動きのある人間の類的生活だ。その活動を通じて、自然は人間の作品となり、人間の現実となる。だから、労働の対象とは、人間の類的生活を対象化したものだ。人間は意識において自分を知的に二重化するだけでなく、生産活動において現実に自分を二重化し、自分の作り出した世界のうちに自分のすがたを見てとる。

ここには類的生活という主題も出ますが、すこし話が複雑になりますので、それはあとにしておいて、その前のところ、人間が自由で意識的に活動するという形でマルクスが人間の労働をとらえている場面を中心に話を進めます。労働をそのようにとらえるとき、自然をどう認識するかということが大きな問題となります。人間が自然と向き合って生産活動をするというとき、理論と実践というと固い言いかたになりますが、理論と実践の両面で自然とかかわります。自然がどういう構造になっているかを認識し、そこからこういうふうであろうという推量を引き出し、予想通りにうまくいったなら、そこからさらに推論を推し進めていくといったふうに、さまざまに現実的な関係を結びながら、自然との関係を深めていきます。引用文では、しつこいほどに動物との対比がなされていますが、動物と自然とのかかわりは生理的な欲求や本能から離れることがほとんどない。空腹になればなにか食べものを見つけようとし、お腹がくちくなれば、多少は食べ溜めすることはあるのでしょうが、もう食べもののことは考えない。生理的な欲求や本能が、体を動かす際の基本的な動因になっている。

それと比較すれば、人間はいま現在に存在している肉体をぐんぐん離れていく。一年先のことを考えたり、あるいははるか遠くに住んでいる人のことを考えたり、さらには自分たちが生きている世界とは異なる、可能的な世界のことも考える。太古の昔から、いま住んでいる所でうまくいかなくなれば移住もするし、それまでの生活のやりかたを変えることもできる。自然との交流の幅が、動物と比較して圧倒的にちがう。しかも、それは質的な変化をともなうものですから、時代を経るにつれて、途中で愚かな人類、愚かな種族があらわれて後退することもありますが、基本的には前へ、前へと進んでいき、しだいに文明度も高まり、生活のゆたかさも蓄積されていくことになります。

マルクスはそうした文明の高度化を、人間の自由で意識的な活動がもたらしたものだと考える。したがって、ここで意識的であるということは、ただ目の前の事態に対峙するというだけのことではなく、もっと広く遠く目配りをすることです。ものごとを意識するというのはそういうことなので、ものごとからいわば距離を取るということです。その距離は観念的にどんどん広がっていきますので、目の前の対象からは離れることになる。しかし、視野はそれだけ広くなり、全体の流れのなかでいろいろな事柄や可能性を考えることができるようになる。

このことは、いまでも日々、現実に起こっていることです。近年のグローバリゼーションと呼ばれる現象は、そういう意識的で自由な活動が地球全体へと広がっていく社会現象と考えることができる。現下のグローバリゼーションにたいしてわたしはそう肯定的ではありませんが、しかし日本という国に住んでいながら、外の世界との交流が大きくゆたかになる方向をもつ現象であることは疑えない。それを意識化ないし自由化の度合いとして考えれば、間違いなくそれは一つの大きな前進だと考えていいわけです。もちろん、そこには問題もあるし、そのすべてを肯定する必要はないのですが、しかし、自由で意識的な活動としての人間の労働が自然を大きく変えていき、人間と自然との関係が変化していくという形で人類史が前へと進んできたことは、否定すべくもありません。

はじめにいった、労働が人間の生命を自然のなかに対象化する活動だということは、そのように大きく人類史のなかに位置づけられます。人間の生命の対象化と現実化という言いかたは、若きマルクス独特の表現ですが、そこには、人間が自然のうちに自分を対象化し、自然が人間的なゆたかさをもつものになるという、人間と自然との相互関係がとらえられている。もちろん自然は、いつでも人間の自由になるような、そんな生易しい相手ではないのですが、それでも、人類の側の主体的な活動によって、何十万年という長期にわたる人間と自然との交流がなされ、文明世界が築かれてきた。自然も崩壊しなかったし、人類も――部分的には崩壊した文明もありますが――、なんとかやってこれた。そのような長いスパンでの人間と自然との交流をマルクスは考えています。別の言葉で言えば、人間が長い歴史を通して労働によって得てきたもの、それが人間の物質的な生活であり、人間の生きていく社会であるといえます。マルクスは労働をそのようなものとして考えようとしているのです。

そうだとすれば、ここで言われている労働とは、ただたんに体を動かすだけのもの、あるいは額に汗して取り組むような肉体的な労働だけではなく、精神的な芸術活動や宗教活動をふくむことになります。時代時代の才能ゆたかな人たちが日常性を超えたところで営んだものも大きく労働という概念のなかにふくめて考えていい。マルクスは、労働という概念をそういうふうに拡大してとらえようとしていたと考えられます。

類的存在、類的生活

さて、最後に、類的生活を作り出し、発展させるものとしての労働を考えねばなりませんが、まずもって、類的存在、類的生活というやや耳なれないことばについて説明しておきます。ドイツ語では類的存在が Gattungswesen, 類的生活が Gattungsleben ですが、初期のマルクスにはしばしば登場することばです。もともとフォイエルバッハが愛用したことばであり、概念です。フォイエルバッハがヘーゲル批判において、Gattungswesen, Gattungsleben を使うときのねらいは、ヘーゲルの宗教観をもっと人間化したいということにあった。人間にとっての神とは、Gattungswesen つまり類としてある人間の理想的なすがたがそれだという言いかたで、フォイエルバッハはヘーゲルの宗教観を深めていこうとしていたわけです。

ヘーゲルを丁寧に読んでみると、フォイエルバッハによる宗教批判のそのあたりまでは、もうすでにヘーゲル自身が言っていたということがある。ただ、ヘーゲルは、宗教権力の力がまだまだ大きく、不用意な発言をすれば危険思想と見なされて、当人が大学を追われるような時代ですから、奥歯にものの挟まったような言いかたをする。ために、ヘーゲルを読み解く上でいろいろ面倒な問題も生じてくるのですが、フォイエルバッハの時代になれば、無神論者だ、棄教者だといった嫌疑がかかってもどうということはない、というふうな時代にはなってきている。

マルクスはしかし、宗教批判の問題として、類的存在や類的生活という概念を使っているわけではありません。たとえば、青年マルクスがいかにも書きそうなおもしろい文言で、わたしは大好きなのですが、次のような一節。

人間は類的存在なのだが、二つの点からしてそういえる。一つは、実践的・理論的に、自身の類をも自分以外のものの類をも自分の対象とするがゆえに類的存在であり、さらには（といっても同じ事柄を別の形で表現したものにすぎないが）、自分自身を現存する生きた類として扱い、自分を普遍的な、したがって自由な存在と見なすがゆえに、類的存在である。

分かりやすく訳すように努めたつもりですが、それでも分かりにくい。くだいて解説したいと思いますが、その前に、いくつか、類的存在という言葉のあらわれる文章を引用しておきます。「類的存在」「類的生活」という言葉に慣れてほしいためもあっての引用です。

しかし、生産的生活は類的生活であり、生活を生み出す生活である。生命活動のありかたのうちには類の性格の全体が、活動の類的性格がこめられている。そして、活動が自由で意識的であることが、人間の類的性格である。

意識的な生命活動をおこなう点で、人間は動物的な生命活動から袂《たもと》を分かつ。そのことによって初めて人間は類的存在である。いいかえれば、人間はまさしく類的存在であることによって、意識的な存在であり、みずからの生活を対象とする存在である。

非有機的自然を加工して対象的世界を産出するという実践活動は、人間が意識をもった類的存在であることを身をもって示すものであり、人間が類をおのれの本質とし、類的存在として立つことを示すものだ。

どれもそう簡単な言いかたではありません。マルクスは類的という言葉をぶっきらぼうに使っていますま。フォイエルバッハの著作を通じて広く理解された用語だと思っていたかもしれません。まず、最初の引用から考えていきます。もう一度読むと、「人間は類的存在なのだが、二つの点からしてそういえる。一つは、実践的・理論的に、自身の類をも自分以外のものの類をも自分の対象とするがゆえに類的存在であり、さらには、自分自身を現存する生きた類として扱い、自分を普遍的な、したがって自由な存在と見なすがゆえに、類的存在である」。ここで表現しようとしていることを、別の言いかたに置き直せば、人間が類的存在だということは、人間が自然の全体を、そして人間の全体を対象に据えて考えるからだ、そのように全体を対象に据えられることが人間が類的存在だということの証しなのだ、ということになります。

問題をもう少しくだいて考えてみます。たとえば、哲学の始まりはギリシャの自然哲学者タレスにあり、タレスが、万物の根源は水だ、といったことが哲学的思考の始まりだと言われる。「万物の根源が水だ」ということ、それは自然の全体をつかまえ、全体として、それがいったいどういうふうにしてなりたっているかと考えるという、そういうことです。それが哲学の始まりだというわけです。万物の根源が水だ、とタレスが叫んだとき、「おれには、そう見えているんだ」というだけの単純な考えで言ったとはとうてい思えない。自然がなりたつ全体を見渡した上で、どのようにしてそれはなりたっているのか、全体のおおもとはいったいどこにあるのか、と考えたとき、どうやらその考える主体は、ミレトスの土地に生きていた一人の中年男タレスではない。人類がそれとの交流のなかで存続してきた自然というもの、その自然がいったいなにかと問うとき、問うている当の人間は、さまざまに考え働き生きてきた人間たちの総意を引き受ける人間だという側面をどこかにもっている。たしかに当人の知的好奇心が強烈でなければ、そんなことは考えないだろうが、それはただ自分だけがどうしても知りたいということではない。自分だけの問題ではない、そこに類的な問題が横たわっている、と考えられるのです。

そしてさらに、自然の根源はなにかという問いのうちには、人間の正しい生きかたとはなにか、人間はなんのために生まれてきたのかという問いへと展開していく勢いがある。人間の思想や観念はそういう勢いをもっている。もちろん、宗教のうちにもその勢いはあって、人間の意識は太古からそういう勢いをもっているといえる。類としてそういう存在であって、人間というものがこの世にいる、それがなにを意味するのかは自分にとってふしぎだけれども、しかしそれは自分個人だけの問題ではない。多くの人にとって問題であり、となれば、多くの人がいるということがさらに問題となる。多くの人がいて、互いに言葉を交わし、共同作業をする。そんな人間というものの総体はいったいどうやって登場したのか。そういう疑問につながっていくわけです。

その意味で、自然の全体や人間の全体が視野に入ってくるということは、人間がただ一人、自分の頭のなかでなにかしらあれこれ考えているということではなく、いろいろな人とのつながりのなかで——そこでは冗談をいったり、一緒に遊んだり、喧嘩をしたり、仕事をしたりしながら——、やはりどこかで自分たちは共に生きている、と感じている。この共に生きているということのふしぎさ、おもしろさにぶつかるわけです。ぶつかって、それが言葉になっていく。そういう人間の物質的・精神的な動きを大きく視野におさめて、マルクスは、類的存在としての人間はどうしてもそういう生きかたへと引きこまれていくのだと考える。それは非常にふしぎなことだけれども、そのようにして人類はそれぞれの考えをお互い同士が確かめ合いながら、新しい世界を作り、少しずつ進歩していくようになった、というようにマルクスは考えるのです。

　それともう一点。そこでは自己を相対化するということが、もう一度とらえ直される。マルクスはそれを、人間が自由になるという場合のきわめて本質的な問題だと考えている。見てきたように、類的存在であるということは、自分が自分がというありかたに強調点を打つことではない。自分が大切ではあるけれども、同時に他の人たちとのつながりを大切にし、他の人たちの考えを自分が受けいれながら考えていく。そうすると、自分が生きていること自体も、他の人にはどういうふうに見えているのかが問題とならざるをえない。自分について考えているにしても、少し引いたところに位置を取れば、他の人間と自分とは異なるのだろうか、同じなのだろうか、あるいは他人との関係はどうなっているのだろうかと考えることにもなる。自分のことを考えているように見えて、すでに自分だけとはちがう場所に立って考えていることになる。また、他人との比較のなかで、それぞれがどんなふうに生きているのだろうかと問うことにもなる。他人とはそういうものとしてあり、そういう他人を自分の視野に引きこんで考えることによって、自分を相対化するという局面に立つことになります。場合によれば、これはずいぶん煩わしく、面倒臭く、自分が拘束されるようにも思えるかもしれないけれども、マルクスの類的存在の考えかたからすれば、他人が自分の視野のなかに入ってくることによって、自分が相対化され、それによってかえってその個人も自由になる。そのようにして個々の人間の考えがゆたかになり、開けていき、自分だけではない共同の世界というものが考えられるようになる。それが類的存在としての人間の肯定的なすがただ、とマルクスは考えるわけです。

以上がマルクスのとらえた労働の人間的なありかたの要点ですが、四点が出そろったところでもう一度全体をまとめておきます。労働が生命活動だというのが出発点でしたが、生命活動とは、もちろん意識的な活動だけではない。たとえば、心臓がドキドキしたり、呼吸をしたりすることを、われわれは意識的にやっているわけではありません。しかし、労働となれば、計画を立て、人と協力してなにかを作る。いろいろな取り決めをしながら取り組んでいく。そういう生命活動こそが、自由な活動なのだ、ということになります。それは、個人の欲求だけに縛られたものではない。個人の欲求はそれとして重要なもので、それがないということはありえないのですが、動物との比較でいえば、目の前の対象への生理的な欲求が動物の行動の基本的な動機となっているのにたいして、人間の活動はそういうものではない。

さらにもう一つ、類的生活のなかでの人間と自然とのつながり、あるいは他人とのつながりというものが、そこではっきりと意識化されているという点を挙げておかねばなりません。なにかを始めていたら、いつの間にか他人と一緒に仕事をしていたとか、あるいは気がついたら他人とのあいだに気脈が通じていたというものではない。一つの物を作り出すに当たって、お互い同士、どれだけの人が、どのようにかかわる必要があるかをあらかじめ想定すらできる、あるいは想定しておかねばならない共同の関係として、生産的生活なり生命活動なりがなりたっていく。そういう構造をもつものとして、マルクスは類的な労働のありかたを提示しようとしていたのでした。

以上、労働の肯定面として挙げた四つの点は、大きくつながりながら労働の人間性としてとらえられます。労働そのものが、歴史を貫いて人間世界に大きな広がりをもたらし、人間のあいだをつなぎ、人間と自然とのあいだをつないでいく、本質的な活動だと考えられています。

そうであるはずの労働が、近代の社会にあっては残念ながらまったくそのようなあらわれかたをしていない。目の前に広がっているのは、疎外された状態の労働でしかない、というのが『経済学・哲学草稿』の最終的な批判の眼目です。マルクスは、強い否定の気持ちをこめて批判を展開します。これほどにもゆたかなものであるはずの労働が、近代社会のなかではこれほどにもゆがめられ、つぶされていくのだと言うのです。

疎外された労働は、自己活動ないし自由な活動を手段に貶《おとし》めるのに加えて、人間の類的生活を肉体的生存の手段へと貶めるのだ。

ということは、人間が自分の類(人類)についてもつ意識が疎外によって変形され、類的生活が手段と化す、ということだ。

こうして、疎外された労働は、

(三) 人間の類的存在である自然をも、精神的な類的能力をも、人間にとって疎遠な存在に——人間の個人的生存の手段に——変えてしまう。……

(四)　人間がその生命活動たる労働の生産物から——人間の類的存在から——疎外されているとすれば、そこからただちに出てくるのは、人間からの人間の疎外だ。人間が自分自身と対立するとき、人間に他の人間が対立する。人間とその労働、人間とその労働生産物、人間と当人自身との関係のありさまは、人間と他の人間との、人間と他の人間の労働および労働対象との関係に重なり合う。

大づかみにいうと、類的存在が人間から疎外されているということは、人間が他の人間から疎外され、人間の一人一人が人間の本質から疎外されているということだ。

こうして、人間の本質をいかにして解放するかということが、改めて問題になります。そして、その問題に応えて提示されるのが、マルクスの資本主義社会の分析であり、社会主義革命の構想です。わたしは本日の話では、そうした分析や構想の、その基盤にある、労働のポジティヴな像を取り出してみようとしたのでした。

【対　話】

——マルクスは、類的存在あるいは類的生活を送っている人として、具体的にはどういう人たちを想定していたのでしょうか。

想定していたのはごく普通の人びとです。マルクスにとって、わたしたちはみんな類的生活を送っている類的存在です。

——近代の批判をマルクスはしたということでしたが、たとえば西洋の思想家は、往々にして古代のギリシャやローマをモデルにして現在を批判するという構えをとることが多かったと思うのですが、その点、マルクスの場合はどうだったのでしょうか。

古代のギリシャやローマをモデルにするという発想はマルクスにはありません。近代の政治制度や経済的な生産関係といったものが、人間の本質をさまざまな形でゆがめているということは、きわめて重要なマルクスの視点ですが、人間の本質というモデルもマルクスは現実のなかから取ってきます。つまり、現実がどんなに苛酷でも、人間が人間として生きているといえるものがまったく失われているわけではない、とマルクスは考えます。人間が本来のありかたとまるで異なった人間になってしまっている、とはマルクスは考えていない。本質を失っている状態にありながら、その状態のうちに、原始の時代からずっと人間が作り上げてきた歴史的な価値、人間的な価値を透視できる。いまは、人間的なものがそのままの形ではあらわれてはいないけれども、それは継続してあるものだとマルクスはとらえていたと思います。

その点では、現実的なものに強い光を当てるヘーゲルのやりかた、いいかえれば、現実的なものにこそ意味があるというヘーゲルの考えかたを、マルクスは継承しています。そうでないとしたら、マルクスは、革命の思想には向かえなかった。社会を転換しようとする変革の力は、現実の世界そのものに具わっていると考えるしかありませんから。

ずっと続いてきた歴史のなかで、人間と自然、人間と人間とのゆたかな関係を変質させたのは社会の力であり、人間の力にちがいないけれども、それを覆す力も間違いなく現実のなかに潜在している、とマルクスは考えていた。そういうふうに歴史を貫いているものが、類的な存在としての人間の生きかたです。それはどの時代にあっても、どこかで人間にとって本質的なもの、価値あるものだと考えられていた。その点からも類的存在としてごく普通の人びとを想定しなければならないとわたしは思います。

――マルクスが言っている自然のなかには、非有機的自然という表現もありますが、この有機的自然と非有機的自然とはなにが、どのようにちがうのでしょうか。

非有機的自然とは、単純なことばの置きかえとしては無機的な自然ということになりますが、マルクスの使いかたはちょっとちがうと思います。ここでの非有機的自然とは、化学的な有機・無機を問わず、有機的自然としての人間の肉体から切り離されているもの、と考えていいと思います。マルクスは、われわれみんなに具わっている肉体を、まとまりのある有機体と考えています。その肉体は、それだけで独立して生きているわけではないのですが、それでも一つの単位として人間の体というものはある。その肉体と外との世界とは、ベッタリとくっついているわけではなく、わたしは体をもって自然のなかを自由に動ける。たとえば、あちこちに木の実がなっているとき、そのうちのどれを食べるかはわたしの自由です。その意味では、外部の自然なくしてはわたしは生きられないのですが、一つの単位として生きているわたしの肉体と外界の自然とは、どのようにしても切れない必然の鎖でつながれているわけではない。そのように人間の有機的な身体と切り離されて存在している自然を、マルクスは非有機的自然だと言っています。

第三章　全人的人間像
——『経済学・哲学草稿』を読む　2——

青年マルクスの疎外論

マルクスの一番の代表作は、なんといっても『資本論』でしょうが、前回までの話でわたしは、『資本論』にまっすぐつながっていくマルクスとは異なる、青年マルクスの独特な考えかたをとらえようとしてきました。哲学への関心が強い青年マルクスの、その人間観や自然観にわたし自身が惹かれるところがあり、いうならば哲学的思想家としての個性を意図的に浮かび上がらせようとしたわけです。

若きマルクスの思想を考える上で、まずヘーゲルとの対決ということが一つの大きい問題になります。そして、その対決の出発点にあったのが、市民社会の問題でした。マルクスは、ヘーゲルの国法論の批判という形で、自分なりの思想の第一歩を踏み出します。ヘーゲルにあっては、

『法哲学講義』だけが代表的な書物というわけではまったくなく、ヘーゲルは幅広く世界の全体を視野に収めようとする体系的な哲学者なのですが、その体系のなかで、とくに市民社会の概念に焦点を絞って、マルクスはそこを自分の思想の突破口にしようとします。ヘーゲルにおける市民社会の位置づけは、そのあとには国家があり、その前には家族があって、市民社会は家族と国家の中間地帯にあるものとされる。その社会構成についても、マルクスはさまざまな意味で考えかたがゆがんでいる、と批判します。

さて、ヘーゲルは市民社会を、まずは欲求の体系ととらえます。いろいろな欲望が絡まり合い、人間が欲望のままに、自分の欲望をなんとか満たそうとして動いていく場、それが市民社会だというわけです。われわれの日常生活を考えてみればいいのですが、お金は欲しいし、お金があれば買いたいものが次々と出てくる。いろいろな仕方で働きながら、手にしたお金を有効に使ったり、無駄に使ったり、と、そういうことが日常の実質をなしている。矛盾に満ちた世界ですが、欲望で沸き立つようなその世界を、ヘーゲルは新しい時代の新しい社会構造としてポジティヴに考えつつ論を展開している。産業革命以来、この時代に至って明確に登場してきた都市の生活と文化、それまでの農村文化にたいして、ヘーゲルは都市を舞台に新たに登場してきた市民社会に注目したのです。

矛盾に満ちた欲求の体系としての市民社会が、ではどのようにして統合されていくのか。ヘーゲルはその市民社会のあとに、ないしは上位に、国家を想定し、統一する論理としては、『論理学』で到達した「理念」を、もっと精神性の高いものとして宗教や哲学を、市民社会の抱える矛盾を解決する方策として考えていた。

それにたいしてマルクスは、市民社会の構造の根底に疎外された労働というものがあると考えます。この点をはっきりさせようとして、マルクスはまず、ヘーゲルの体系が観念論的な統一に傾きすぎていることへの批判に向かいます。国家や理念をもって、あるいは宗教や哲学をもって社会の全体を統一していこうとするのはものの考えかたが転倒している、と、マルクスは強い言葉で批判します。もしも矛盾が解決されるとすれば、理念や体系によってではなく、現実のただなかで解決がなされなければならないだろう、と。矛盾は観念の上の問題としてではなく、具体的な矛盾、現実的な矛盾としてあるはずなのだから、と。

そこに登場するのが、「ラディカル」ということばです。「現実の根っこ」という言いかたもしているのですが、ラテン語の「ラディクス(根)」から派生したのが「ラディカル」ということばです。根っことしての人間を、改めて考えてみようというのです。とともに、人間の本質をなす労働について改めて考えてみよう、と。すると、本来の人間のすがたや本来の労働のすがたは、市民社会のなかにはあらわれていなくて、むしろそれが疎外されているということ、その疎外のさまを『経済学・哲学草稿』で問題にしようとしたのでした。マルクスは、そのように疎外の状況に目を凝らしているのですが、そのことは取りも直さず、そのむこうにある本来の人間のありかた、労働のありかたといったものを、なんらかの仕方でマルクスが見ていたことを意味する。

そんな観点から、そのむこうにあるものを同時に視野に収めつつ、マルクスの疎外論を考えてみようというのが、前章までのわたしたちの主題でした。
もう一度、マルクスが疎外された労働について結論的にまとめた箇所を振り返っておきます。

人間がその生命活動たる労働の生産物から――人間の類的存在から――疎外されているとすれば、そこからただちに出てくるのは、人間からの人間の疎外だ。人間が自分自身と対立するとき、人間に他の人間が対立する。人間とその労働、人間とその労働生産物、人間と当人自身との関係のありさまは、人間と他の人間との、人間と他の人間の労働および労働対象との関係に重なり合う。
大づかみにいうと、類的存在が人間から疎外されているということは、人間が他の人間から疎外され、人間の一人一人が人間の本質から疎外されているということだ。

この抽象的な言いかたのなかにマルクスがどういう思いをこめていたかは、これまでの展開でかなり明らかになったと思います。疎外された労働のありかたとして、マルクスが大きく取り上げたかったのは、人間が類的存在から疎外されているということです。いいかえれば、他の人間から疎外されていること、さらには人間の本質から疎外されていることです。きわめて大づかみな言いかたなのですが、疎外そのものが人間の核心にまで及ぶようなものとしてある、とマルクスが考えていたのは間違いありません。

人間の核心から疎外されているといえること自体、マルクス自身がすでに人間の本質を、あるいは他の人間と自己との本質的な関係を、あるいは類的存在としての人間と個々の人間との本質的な関係を、こういうものだというように、自分なりにつかまえていたことを示している。それをつかまえた上で、ありうべきそうした本質や関係が現実にはなりたっていないと考えている。そこで、いま現在の市民社会では、人間が本当の意味で自分を実現していない、と、そういう言いかたが出てくる。そのとらえかたに曖昧さがある場合は、このような強い言いかたはとうていできません。ここでのマルクスは、緻密な論理でもって丁寧に議論を展開しているわけではありませんが、若い感覚からして、人間が本来のすがたをしていないといわざるをえないとき、では本来のすがたとはどういうものかを、少なくとも自分の言葉として語りうる位置にいたとは考えられます。語りうる自信がマルクスにはあった、と考えられます。

私有財産と共産主義

マルクスが考えていた本来の人間のありかた、自然のありかた、類的存在のありかた、それを探り出すのが、ここまでの課題でした。

次に、「私有財産と共産主義」と題された草稿の束へと移ります。この表題もまた、マルクスが書いたものではなく、のちに編集者によって付されたものですが、なんとか論の内容と合致する題名です。私有財産とは、労働の疎外、あるいは疎外された労働があらわれるもっとも根本的な、経済上の仕組みです。

共産主義ということばは、これまであまり登場していませんが、私有財産の支配する資本主義社会を乗り越えて、その先にあらわれる新しい人間社会のなりたちを表現している。私有財産とは、現実の根強い仕組みの一つで、それを否定的にとらえるとすれば、いかにしてそれを克服するかが、当然にも、大きな難問として立ちあらわれる。共産主義は、それをなんとか克服して新しい社会を作り出していこうとするときの、その社会のヴィジョンをいうことばです。疎外された労働をマイナス・イメージとして語る、そのむこう側に、本来の人間のありかたをめぐるマルクスの考えかたがあるはずだ、という前提でここまでマルクスの議論を追ってきましたが、ここにおいてマルクスが共産主義、共産社会を提示するとき、本来の人間と人間社会がここで一定の構造をもって花開くのだと考えられる。

「疎外された労働」の草稿群では、いわば現実の奥に、ここと確定はできないどこかしらにあるものと想定されていたものが、ここでは未来における一つの存在として、そのありかたが提示されることになります。われわれとしては、その論旨に寄りそうことで、マルクスがこの時代に抱いていた人間観・自然観・労働観といったものを、もう少しくっきりと思い浮かべることが可能になるだろうと思います。

社会的存在としての人間

「疎外の廃棄」ということばがよく出てきますが、「廃棄」と訳したのは、ドイツ語では Aufhebung または Aufheben です。これまでこの語は一般に「止揚」と訳されていました。でも、「止揚」は日本語としてはなんともこなれないことばでわたしは使う気になれず、「止揚」よりは分かりやすい、「廃棄」を使いました。実際に訳す際には、文脈によっていろいろな訳語を使うことにしています。「克服」を当てることもありますが、ここでは「疎外の廃棄」でいいと思います。疎外を乗り越えたときにあらわれてくる世界、という主題が展開されていきます。

廃棄とはどういうことか。廃棄するためには、どうすればいいのか。マルクスは、私有財産の廃棄とも疎外の廃棄ともいいますが、どちらの場合も社会を決定しているもっとも根本的な構造が否定され、転覆されていくということを意味します。疎外が、すでに述べたように、類的存在からの疎外、他の人間からの疎外、人間の本質からの疎外であるとすれば、それが廃棄されるということは、底の底から、根本的にマイナスの条件が否定されていくことだと考えられます。そこが、マルクスの強調したかった最大のポイントで、結局それは、後期になれば革命ということになっていく。社会そのものの一番下、底のところから全体をひっくり返していく。そのための論理をどうやって探り当てていくかが問題になるのです。

宗教、家族、国家、法、道徳、学問、芸術、等々は、その一つ一つが人間の生産活動の特殊なありようであって、生産活動の一般法則に従って営まれる。とすれば、私有財産の積極的な廃棄による人間的な生活の獲得は、すべての疎外の積極的な廃棄であり、人間が宗教、家族、国家、等々から解放されて、人間的な――つまり、社会的な――存在へと還っていくことだ。宗教的疎外は、人間の内面に位置する意識の領域においてしか進行しないが、経済的な疎外は、現実の生活を疎外するものであり、その廃棄は、内面にも外界にもかかわる廃棄だ。

疎外の廃棄について語る際に、ここでは生産活動という言いかたがされています。現代を生きているわれわれとしては、労働が生活の全体を覆うという社会的なイメージをもつことは少し難しい気がします。遊びやレジャー、あるいは趣味というものが、マルクスの時代と比較すれば大きな位置を占めているということもあって、労働そのもののありかたが変わることによって、われわれの全生活が大きく転回する、ないしは変わっていく、というイメージは作りにくいと思います。おそらく、二〇世紀の半ばまでは欧米の先進国でも、大多数の人びとは貧困のなかにあって、その日その日の生活がたえず経済的に脅かされていると感じていたでしょうが、飢餓にまつわる経済的な問題の大枠が解決されて、どういう生きかたをしても、まあ飢えに追いこまれるほどのことはない、というところまでは来た。世界的規模で考えれば、依然として貧困は大問題ですが、先進国の経済状況はマルクスの時代とは大いに異なっていて、だから、「経済的な疎外」というものの受けとめかたもちがってくるように思います。

それはともかく、引用したこの箇所において、マルクスは労働というものを、ただ働いている状態として考えようとはしていない。ここでマルクスが、「生産活動」というとき、宗教、家族、国家、法、道徳、学問、芸術など、それらをすべて生産活動のなかに入れて考えています。労働がそれほどにふくみの大きいものと考えられている。さまざまな人間のさまざまな社会活動の全体に重なるほどの大きなイメージをもって、マルクスは労働を考えたのです。

マルクスの同時代の人たちが、みんな労働をそんな大きさで考えていたわけではありませんが、労働をそんなふうに大きくとらえるのがマルクスの現実観でした。先に、市民社会についてのマルクスの考えかたに触れた際、現実の根っことして人間というものがあり、そしてもう一つ労働というものがあるというとらえかたを紹介しましたが、いまいう現実観はそうしたとらえかたと深く通い合うものです。

生産活動が全面展開していって、その果てに労働の疎外が廃棄される、あるいは私有財産が廃棄されることを、マルクスは、「人間が宗教、家族、国家、等々から解放されて、人間的な――つまり、社会的な――存在へと還っていく」と表現している。「社会的な存在」という用語に注目したい。この用語が、「私有財産と共産主義」の章では大きな意味をもちます。

その点からすると第三草稿のこの章は、「私有財産と共産主義」と題するよりも、「社会的存在としての人間」と題するほうがいっそう適切ではないかと思われます。わたし自身がそう読みたいからというのではなく、マルクスの主張の眼目がそこにあった。素直にこの草稿の十数ページを読めば、社会的存在としての人間のありようをきわめてポジティヴなものとしてマルクスが考えている、そう読めるのではないかと思います。「社会的な存在」ということばは普通に理解できることばではありますが、マルクスが強いポジティヴな意味をこのことばにこめようとしていることは、まず最初に押さえておくべきことだと思います。

男と女の関係

人間のさまざまな関係の本質を問うマルクスの論究の一つとして、この章の初めのほうに、男と女の関係を疎外の観点から考えようとしている箇所があります。疎外の構造を見すえつつ、同時に、男女の本来的なありかたをも問題にしようとするもので、マルクスの著作のなかでは、珍しく正面切って男女の関係を論じた箇所です。

人間と人間との直接的で、自然で、必然的な関係が、女にたいする男の関係だ。類のこの自然な関係においては、自然にたいする人間の関係が、そのまま人間にたいする人間の関係となり、人間にたいする人間の関係が、そのまま自然にたいする人間の関係——人間の自然なありかた——となっている。だから、この関係においては、人間の本質がどこまで自然に近づき、自然がどこまで人間の本質となっているかが、目に見える事実の形を取って感覚的にあらわれる。とすれば、この関係をもとに、人間の文化段階の全体を判断することができる。この関係の性格をもとに、人間がどこまで類的存在としての人間となり、どこまで類的存在であることを自覚しているかを判定できる。女にたいする男の関係は、人間と人間とのもっとも自然な関係なのだから。したがって、この関係のうちには、人間の自然なふるまいがどこまで人間的なものになり、人間の本質がどこまで自然の本質になり、人間の本性がどこまで自然に近づいているかが示されている。また、人間の欲求がどこまで人間的な欲求となり、他の人間がどこまで人間として欲求され、個人そのものとしてある人間が、同時に、どこまで共同の存在なのかが、示されている。

抽象的な言葉で語られてはいますが、マルクスは男と女のどろどろした関係をも見すえようとしている。

マルクスが男女関係こそ、人間関係のなかでもっとも自然なものだというとき、その背後にあるものとして、子を生み育てるという親子の自然な関係が想定されていると思います。家族こそ自然に根ざした人間関係だというヘーゲルの考えを引き継ぐものです。

男と女とは、まず生物学的に区別される存在としてあります。男と女とが生物学的に区別されれば、そこでもうすぐに男女の関係が生じるというわけではありませんが、ともあれ基礎にはそうした関係がある。生物学的な規定はきわめて自然に近く、そこから、たとえば愛する、愛される、結婚する、性行為をする、出産するなどといったことが、それぞれに観念的な要素をふくみつつ、自然に近い関係としてあらわれてくる。男女関係にある種の感覚性や官能性がともなうのは当然です。

右のようなことを視野に置いた上で、さて、どのようにして疎外されない、本来の男女関係はなりたつのか、ということがマルクスの問題であり、関心事です。そして、自然な関係のうちにどれほどの精神性がこめられているか、相手の人間がどこまで人格として立つようになっているかが、男女の関係における疎外の度合いを計るものさしとなります。

つまり、自然な関係としての男女の関係が、どこまで人間化されているかが問題の中心になるわけです。これは考えてみれば、別に近代社会だけの問題ではない。たとえば、『古事記』や『万葉集』の昔から恋の歌はさんざん歌われている。そこでは、相手をいかにして美しい存在としてあがめ、賛美するかが試される。それは人間的なことです。むろん、ときには見くだすこともあるでしょうけれども、そうした人間的な男女関係を土台にして恋歌が作られていく。下手をすれば関係は卑俗なものに堕すでしょうが、場合によっては非常に高度な関係に昇華されることもある。そういうものとして男女の関係はある。

マルクスは『経済学・哲学草稿』においては男女関係も大きく疎外の問題として考えるわけですが、その関係における本来の人間性のありかたを探るに当たって、自然にたいする関係は、自然のままに持続すると考えている。人間世界が自然に包まれてあるという自然観に沿った考えかたで、そこから自然と人間性をめぐる生き生きとした問題領域が開けてくるように思います。ただ、われわれが自然と向き合って物を作ったり、自然を変えたりするというときの自然との関係と、自然としての男女の人間関係とがどう重なるのか。そこには問題が問題を呼ぶような難しさがあります。

ここでは、マルクスはそうした問題に深入りしてはいませんので、このあとには男と女の関係は登場してきません。しかし、マルクスがいかに柔軟に男女の関係をもとらえ、それをお互いの感情的などろどろに引きずられないで、本来の人間的な関係へと引きもどし、冷静に客観的に考えようとしているということ、そうした姿勢はここによくあらわれているように思います。この問題はしかし、全体の流れのなかではいささか特殊なものです。

全面的な解放

特殊なものではなく、論の展開そのものが、社会的存在としての人間のありようをさながらに示すのが、以下に引用する場面です。

言われているのは、労働の疎外の廃棄が、そのまま人間性の回復であり、さらに人間性が回復されるということは――これがこの引用文のキーポイントだと思うのですが――、人間の社会性の実現だということです。人間が社会的存在であるということが、ここにおいて大きく浮かび上がってきます。注目すべき点です。引用冒頭の「第三の共産主義」とは共産主義のいくつかの段階のうちの最後にくるもの、解放が全面的に実現される共産主義を指します。

第三の共産主義とは、自己疎外の根本因たる私有財産を積極的に破棄する試みであり、人間の力を通じて、人間のために、人間の本質をわがものとするような試みである。それは、人類がこれまで発展させてきた富の全体のなかから意識的に生じてくる、人間の完全な回復であり、社会的な人間の、つまり人間的な人間の、完全な回復である。この共産主義は人間主義と自然主義とが完全に一体化したものである。人間と自然との抗争、および、人間と人間との抗争を真に解決するものであり、実在と本質、対象化と自己確認、自由と必然性、個人と類とのあいだの葛藤を、真に解決するものである。それは、歴史の謎を解決するものであり、解決の自覚である。

右の言葉を受けて、数ページあとに次のような強い締めくくりの言葉がきます。

自然の人間的本質は社会的な人間によって初めて自覚される。というのも、社会的な人間によって初めて、自然の人間的本質が人間をつなぐ絆《きずな》として、自分と他人のたがいに出会う場として、また、人間の現実に生きる場として自覚されるからだし、みずからの人間的な生活の基礎として自覚されるからだ。社会的な人間にとって初めて、その自然な生活が人間的な生活となり、自然が人間化される。だとすれば、社会とは、人間と自然とをその本質において統一するものであり、自然の真の復活であり、人間の自然主義の達成であり、自然の人間主義の達成である。

まず一点、三つのことばが使われていることに注目してください。「共産主義」と「人間主義」と「自然主義」です。同じ事柄をそれぞれ別の側面から表現するものとしてマルクスは使っています。ドイツ語では「共産主義」は Kommunismus,「人間主義」は Humanismus,「自然主義」は Naturalismus です。

まずは「共産主義」(Kommunismus)について。共産主義の根本には、私有財産の廃棄の思想があり、能力に応じて働き、必要に応じて取得する、というテーゼがあります。他方では、共産党や共産主義国家という歴史上のイメージに結びついた権力構造や、官僚による圧倒的な支配や一党独裁といったものがあります。が、もともとはコミュニズムのコミューンが、人間の共同のありかたをいうことばで、共産主義も人間の共同性を重視するというところに一番のポイントがあります。マルクスの時代には、まだ権力を握った共産主義的な党や国家といったものが出来上がっているわけではありませんので、あくまで人間の共同性に力点を置いて理解されていたのだと思います。人間の社会性を重視する社会主義も同系統のことばです。つまり、人間は孤立して存在しているのではなくて、お互いが結びつきながら、一人一人が生きている。個々の人間の生きかたとは次元のちがう、質の高い共同体が人間の生活を支えるという、そんな感覚がこのことばの受けとめかたの根本にあったと思います。それが人間を本当に生かすものであり、自然を真に生かすものでもある、というのが、マルクスによる社会のとらえかたといっていいと思います。人間の生活をしっかりと支える社会ないし共同体の構築へと向かうのが共産主義、社会主義の基本です。

さて、「社会的存在としての人間」のありかたを疎外するものとして、私有財産があり、それによって個々の人間はバラバラにされ、資本をもっている者が他の人間を使うという形で、本来の意味での共同性が壊される、とマルクスは論を展開していきます。その論の土台にある、人間の本来のありかたとは、共同性のなかでみんなが力を合わせて、一定の共同行為をおこなう。そのなかで、人間がそれぞれに人間性を失わないように生き、働き、そんな生きかたを通して自然とつきあう。そのとき、社会はより人間的になり、自然はよりゆたかになる。それが人間の共同性というものです。

図式化して言えば、まず人間のお互い同士の関係があります。人間とは、体をもった自然の存在であると同時に、精神的な存在でもありますから、それぞれの人間がさまざまな自然的・精神的な関係をもつ。それと同時に大きいのが、自然との関係です。自然との関係というと、われわれはあまり人手の加わっていない自然を、山に登ってふーっと深呼吸しながら自然はいいな、と思うようなそういう自然を考えがちですが、ここで言われているのはまったくそういうことではない。基本的には、人間以外の、人間の外にあるもののすべてを、自然と呼んでいるのです。マルクスの時代は、いまほど文明化は進んでいません。都市はある程度、文明的な空間ではありますが、一九世紀の半ばですからそれほどのことはない。文明化されていない、人の手が加わっていない自然が、いまだ圧倒的に広い範囲にあり、その一部が耕作され整地されて人工的な農地となり、さらにその一部が文明化された都市として島のように点在している。そういった状況を踏まえれば、都市もふくめて、人間の外にある対象の世界が自然と呼ばれている、と考えていいと思います。

そういう状況のもとで、人間が自然と向かい合って規模の大きいものを作り上げようとすれば、一人だけで自然に向かうのではなく、共同で向かうほかはない。

人間同士のつながりをもって自然と対決し、共同の力で自然に働きかけていくというのは、はるかな昔からおこなわれていることです。たとえば、弥生時代の水田耕作では、登呂遺跡に見られるように用水溝を作ったり、畝を作ったりするとき、一人でやるわけにはいかず、共同作業がおこなわれる。文明が進んでいくにしたがって、共同作業の規模も質もだんだん高度化していくと考えられる。実際に現場で活動している人の数がどんどん増えていくということはないにしても、その活動を背後で、いろいろな仕方で支えている人の層が広く厚くなっていくはずで、たくさんの人間が、自然にたいする営みに協力していると考えられます。

そこに社会がなりたち、恒常的な人間のつながりがなりたつとすれば、その一人一人が社会的な存在であり、社会的な人間です。

こういう論じかた、理解の仕方は、われわれには当たり前のことのように思えるかもしれないのですが、マルクスの時代まではあまりなされてこなかった。たとえば、へーゲルでも、こういう場面をあまり哲学的考察の対象とはしない。もちろん、へーゲルは、共同体や共同体精神、あるいは共同の倫理というものを強調します。そういう考えかたはあるのですが、自然と対決する労働の場、生産の場における共同性の強さを主張するということはあまりない。もっと次元の高いところで、歴史に残るような仕事として、たとえば芸術作品がすぐれた芸術家の手で生み出されるということ、それは取りも直さず共同体の力によって作られたのだとは言います。あるいは、一人のすぐれた芸術家のなかに、社会全体の精神や美意識がこめられ、それを踏まえて芸術家が共同の作品を作り出すのだとは言います。たとえば、ギリシャのパルテノン神殿がそうです。みんなが尊敬し賛美するような立派な建物をフェイディアスが作り上げたとき、それは、市民全体の総意を、芸術家が一身に引き受けながら作り出したものだとされます。そして、理念上、芸術家の背後にあるそういうものを時代の、社会の、共同性だとへーゲルは考えるのです。

マルクスは、もっと卑俗な次元で考えます。われわれが働くというとき、自然にたいして働きかけるわれわれ一人一人が社会的な存在です。同時に、社会的存在相互の協力を基礎にして新たな共同の関係がなりたつ。人間の自然にたいする働きかけが、人間の社会性のなりたちに重なるのです。人間が自然に働きかけ、そこからいろいろな知識を学び、知恵を身につけ、自然の法則を認識して、自分たちの生活を組み立てていく。それは、一方では自然の人間化であると同時に、人間が自然に寄りそって生きていく、人間の自然化でもある。こういうすがたが、マルクスが考えている自然と人間の、そして人間と人間との関係の基本的なありようです。

『経済学・哲学草稿』のマルクスは、未来に想定される共産主義の方向へと歴史が大きく動いている、と感じているわけですが、右のように理解された人間の労働や関係のありかたは、先にもいいましたように、疎外された労働のうちにも見出すことができる。疎外の状況のうちにも、本来の労働や共同性のありかたが隠れた形で働いているということは間違いない。わたしたちは、いまだ資本主義社会に生きているわけで、その意味では、労働は完全に解放されてなどいない。しかし、マルクスのいう労働の人間性や共同性は、わたしたちにとっても、なるほど、それはそうだなと納得できる面が大いにある。それがわたしたちの実感でもあるし、また頭のなかで分かるということでもある。

マルクスの考えた、人間と社会の基礎構造がそういうものであるとして、それが本来の形で実現されるのはどのようにしてか。マルクスは、疎外そのものが廃棄されれば、労働の人間性と共同性が全面展開するという言いかたをします。しかし、全面展開はしなくても、そういうものがわれわれのなかに息づいているとはいえる。そこが、初期のマルクスの議論の非常に魅力的なところです。一方ではどのようにして疎外を克服するかということが最大の課題になっていながら、他方では疎外された状態のなかにも人間的に価値のあるものをしっかり見出していく探求が同時に進行している。ですから、丁寧に読めば、政治的なアジテーションの文書とはまったくちがう面があらわれてくるのです。

社会性の交響

疎外が廃棄されたときにあらわれてくる、人間の生存と社会の構造とは、以上のように取り出せるとして、ではそのなかに労働というものはいかに位置づけられるのか。マルクスは、労働を人間のあらゆる活動を覆うものと考えました。これだけ広く労働をとらえたときには、労働の社会性が、人間の実際の生活のなかでどこまで鳴り響くのか、またその鳴り響きをどううまく表現できるのかが、大きな問題になります。

われわれが常識的に考える範囲の労働を超えて、人間社会のさらに基底にまでその社会性が及んでいるのではないか。その点について、さまざまに工夫された表現が出てきます。

社会的活動と社会的享受は、目に見える共同の活動と共同の享受のうちにだけ存在するというものではない。人びとが目に見える形でいっしょになっておこなう共同の活動と享受が至る所にあらわれ、そこでは、社会性がその本質と本性にかなう形で直接に表現されているのは確かなのだが。

たとえばわたしが学問的活動にたずさわっているとき、わたしは目に見える形で他人と共同作業をすることはめったにないが、にもかかわらず、わたしは、人間として活動しているがゆえに、社会的な存在である。わたしの活動の素材が——たとえば、思想家の活動の素材たる言語が——社会的産物としてあたえられるというだけでなく、わたしの営みそのものが社会的活動なのだ。わたしは、自分のうちから作り出すものを、社会にたいして作り出すのであり、自分が社会的存在であることを意識しつつ作り出すのだ。

……

個人は社会的存在なのだ。だから、個人の生命の発現は、他人とともになされる共同の生命の発現という形を直接に取ってはいなくても、社会的生命の発現であり証明である。人間の個人的生活と類的生活は別々のものではない。

労働といえば、一般的には生産活動ですが、ここではわざとマルクスは、学問的活動を労働の一つとして出してきます。学問的活動といえば、基本的には一人の作業です。マルクスにしても、

『経済学・哲学草稿』を書くときには、書斎でいろいろな書物を参考にしながら一人で書くわけです。たまには、エンゲルスと相談をしたかもしれないけれども、基本的には一人の作業ですから、それは社会性の希薄な作業だと考えられる。しかしそれは、とんでもない誤解であって、たとえ一人でこもって仕事をしていても、それは十分に社会性をもつ仕事です。ここでマルクスが例に挙げるのは、ドイツ語で書くとき、その言語は社会的なもので、自分で作り出したものではない、というじつに当たり前のことですが、それ以外にも、たとえば身のまわりにある参考文献なども自分が生み出したものではない。そう考えれば、どんなに孤独な作業でも、社会に支えられた社会的な活動であるといえる。他人が書いた書物に刺激を受けたとすれば、そこには自分が受けとめるということ、享受の働きが働いている。享受の働きは受動的に見えるかもしれないけれども、それこそが社会的に生きているということであり、社会を土台とする場ではなんでもかでも「自分が、自分が」というふうに、自分を主語として語れるものではない。自分というものが引っこんでもかまわない。むしろそういう場面でこそ人間は社会的な存在としてあるのだ、と、そうマルクスは言うのです。

生物学的な水準にまで下りていって命のありようを考えても、人間の命はしっかりと社会に支えられてある、自分の生きかた、命のありかたそのものが、さまざまな形での人との交わりのなかにある。そのなかで成長していくこともあるだろうし、屈折していくこともあるだろう。命が、他人の労働によって維持されていることは当然のことで、ロビンソン・クルーソーのような孤島での生活はありうるとしても、それはきわめて特殊な形態だし、崩壊する可能性のほうが圧倒的に高い。命の安定性とは社会のもつ安定性を前提にして初めていえることです。

たとえ孤立しているように見えても、人間は社会的存在であり、人間の個人的生活は類的生活としっかり結びついています。そのことをマルクスは、こう言います。個人的存在と類的な存在あるいは共同の存在とが、一人の人間のなかでたえず行き来していないかぎり、それは人間の生活ではない、と。このあたりは、ヘーゲルとそっくりだなという印象をわたしはもちます。もっともヘーゲルは労働の場面や学問的な作業の場面などを具体的に想定して議論を進めることはないのですが。

ヘーゲルにおいて共同性ないしは社会性を示すことばとしてとくに重要なのは、Sittlichkeitです。一般には「人倫」と訳されますが、これまたこなれない訳語で、わたしは、「共同体精神」とか「共同の倫理」といった訳語を当てています。人間が生きていることが、たえず外とのいろいろな関係のなかにある。たとえば、しきたりに従って生きる、お互いが礼儀作法を心得てつきあうといったように、人間は社会のありようを反映した生きかたしかできない。勝手気ままに生きているというのは、ほんの限られた場面でのことにすぎないし、自分の意志決定だけに従って生きるなどということは、簡単にできることではない。そのようにまわりとの関係のなかで生きることをヘーゲルは、人間というものの本来のありかただと考える。それだけではない。そういうふうに生きるのが正しい生きかただというように、倫理の問題としてもヘーゲルは人間の共同性を考えていた。

マルクスは Sittlichkeit ということばは使わず、代わりに Gesellschaftlichkeit ということばを使います。これは、人間が社会的な存在であるというときに普通に使うことばです。Sittlichkeit は倫理的なニュアンスのつきまとうことばですが、Gesellschaftlichkeit は倫理的なニュアンスのともなわない、中性的なことばのようです。人間はやはり他人と一緒でなければ生きていけない、という程度の意味合いで使うことが多いようです。

しかし、マルクスが Gesellschaftlichkeit というとき、そこには強い意味がこめられている。人間は社会とかかわって生きるからこそ、いろいろな精神性も獲得できるし、価値のある生きかたもできる、というように考えている。なぜ、そうなるのか。前述した私有財産による労働の疎外が生じている資本制社会のもとでは、人間本来の社会性がなりたたない。そうした現実にたいする怒りゆえに Gesellschaftlichkeit に強い意味がこめられることになる。社会性の疎外された形が克服されて、人間が主体的存在として自然とのゆたかなかかわりのなかで生きていくというように、本当の社会的なありかたが実現すれば、どれだけ人間として価値があり、社会としてもゆたかになっていくか、というマルクスの痛切な思いがあるのです。しかも、どんなにその疎外が強くとも、自分たちの身のまわりを見れば、人びとは苦しいながらもやはり社会的な生きかたをしている。そのことをマルクスはきちんと見てとっている。そこで、疎外が克服され、社会性が自由に広がるような生きかたが可能になれば、どれほど文明がゆたかになり、人間はゆたかになるだろうか、と、そういう思いが、マルクスにはあるのです。

ヘーゲルの場合は、共同体の最後にくる国民国家がもっとも価値あるものとされる。したがって、国民国家を作り上げ、社会が国家的な規模の統一を獲得し、秩序の安定を獲得するということが、もっとも価値あることと考えられる。マルクスは、国家とはそういうものではなく、廃棄すべき対象としてこれを考えているのですが、Gesellschaftlichkeit の重要性を強調する点ではヘーゲルと共通するものがある。人間と人間とがお互い同士つながりながら、ゆたかな関係を結ぶということが重要なのだと考えていることは変わらない。

そういう Gesellschaftlichkeit の重要性を、来るべき時代に投影したものが Kommunismus だといえるかもしれません。共産主義といえば、政治的・イデオロギー的なニュアンスがいまは圧倒的に強く、まあそれはある意味では仕方のないことですけれども、手垢にまみれたことばになってしまっている。しかし、マルクスが Kommunismus と言うときには、その含意は共同的な存在をよしとするような体制のことですから、Gesellschaftlichkeit（社会性）を大切にし、発展させていく体制といいかえていいでしょう。そういうものとしての人間の社会的な広がりを、マルクスはさまざまな場面で確かめていきます。すでに見たように、労働も学問的な活動も社会性をもつ活動です。マルクスは、社会性が人間生活の一番基礎的なところにまで及んでいるということを、このあとの論で展開していきます。

死と人間

人間の社会性の広がりがどのように考えられていたかを探るために、ヘーゲルの Sittlichkeit と、マルクスの Gesellschaftlichkeit ないし Kommunismus というものの関係を取り上げました。このあとの展開では、マルクスはさらに人間にとって基本的な、感覚という具体的かつ身近な場面で、社会性がどのようになりたっているのかに目を向けていきます。このあたりにマルクスの視点の取りかたの特質がよくあらわれている。時代の社会体制を大きく問題にしつつも、その根っこにある、一人一人の生活者に沿うようにものごとを考えていこうとしています。といって、日常の瑣末なところに話をもっていくのではない。社会全体を問題として見る目が、同時に日常の細々したところまで及んでいるということです。いったい人間とはどのようであればしあわせなのか、社会がどのようであればゆたかだといえるのか、といったことを一方で考えながら、視線は具体的でリアルな日常に届いている。初期マルクスの思想のおもしろいところです。

ヘーゲルの場合も、Sittlichkeit はつねに問い求めるべき問題ではあります。しかし、議論の展開の中心は、すでに触れたように、論理学、哲学、国家、宗教、芸術というところに置かれる。それらは間違いなく、人類の成果と言えるものです。たとえば、いまあちこちの美術館でさまざまな企画展や回顧展が催される。そこに集められるのは歴史上記念すべきもの、その意味ですぐれた物や作品です。ヘーゲルはそういうもののうちに人類の共同の成果を認め、そこからまた新しいものが生み出されていくところに、人間の歴史の大きさを見ます。

マルクスは、そういう人類史的な遺産といったものを一方で押さえながらも、もう一方でごく普通の一人一人の、日常に生きている人たちのなかに、社会性というものがどれほどゆたかに蓄積されていくかを問題としてたえず考えるというところがあります。そういう日常の卑近な社会性と、社会変革や階級闘争の問題とが、マルクスの場合、密接に結びついているのです。

次の箇所は、マルクスにおける社会性の問題を考える上で入り口となる文章です。わたしの大変好きな文章です。

> 死は、特定の個人にたいする類の冷厳な勝利であり、個人と類との統一に矛盾するように見える。しかし、特定の個人は特定の類的存在にすぎないのであって、特定の存在であるからには死をまぬがれない。

個人の死を社会的な観点から受けいれようとする文章といっていいと思います。つまり、個人の生活と類的生活とが個々の人間のなかで一体化しているとすれば、人間が死ぬということは傷ましいことだけれども受けいれていいのではないか。そう言っているように思えます。個人として考えれば、一人の人間が七〇年なり八〇年なりで生涯を終えるということは自他ともに胸の痛むことにはちがいない。なろうことなら少しでも長く生きたい、生きていてほしい、とまあだれしも考える。それはそうだが、人間の一生が、そこで個人としては絶たれるということにたいする痛みのようなものを、類は存続するという形でマルクスは受けいれようとしたのではないでしょうか。

一方に類があり、他方に個人がある。そして、個人は死ぬが、類は生き残る。個人は何年先のことかは分からないが、どこかで必ずこの世から消えていくことになる。その消えていくということを、マルクスはここでは類が個人に勝利するというふしぎな言いかたで表現している。個人の死は類の勝利なのだ、と。つまり、個人は類のなかに吸収されて、個人としては死滅するけれども、類的には生き延びるのだ、と。そう考えることによって個人の死を受けいれようとした言葉ではないかと思うのです。

死をどう受けいれるかについては、古今東西さまざまな考えがあります。来世が存在すると考え、肉体は滅びるけれども、霊や魂は生き残り、あの世に行って神のもとでしあわせに生きる、というキリスト教の考えかたはその一つです。日本の土着的な考えかたでは、人間はもともとどこかから、たとえば土から、あるいは地球から生まれてきたのだから、肉体が滅びて土に帰っていくのが自然で、それによって、一つのサイクルが完結するのだ、と考える。また、死者の霊が先祖の霊に合体する、というのも、これまた死の受けいれかたの一つです。

しかしマルクスはここで、類というもののなかに個人は吸収される、それでいいのだ、と言っている。これは論文中にふいに紛れこんだようにして書かれた短い文言で、あとにも先にも死についての議論は出てきませんので、そう解釈していいのかどうか疑問が残るのですが、もしこの解釈がマルクスの考えをいい当てているとするなら、こうした考えはいかにも近代的だという気はします。近代的だと感じられるのは、自分が死ぬとき、自分の思いを預けた人類はその歴史を持続できると信じているからです。自分が思い描いた未来図どおりに歴史が進むとは、マルクスはもちろん思っていない。また、個々の人間の思惑どおりにのちの時代が展開するとも思ってはいませんが、自分の生を受け継ぐものとして、のちの類の生活があるというふうには、少なくとも信じることができているのです。

これはさきほども触れた考えかた――つまり人間そのもの、自分のいまの生そのものが、社会的な広がりをもっているという考えかた――の延長上にある思想です。したがって、死は避けることができないし、そこで個人としての経歴は途絶えるわけですけれども、それがもう一回社会的なものにつながっていく。そういう考えは、未来にたいする信頼、歴史にたいする信頼というものがなければ採りえない。マルクスのなかにはこの考えかたを支えるだけの、未来や歴史にたいする信頼があったのです。

マルクスは、ヨーロッパの一九世紀中盤から後半にかけての人ですが、そのあとの一九世紀後半から二〇世紀にかけては、人類史の未来に信頼をおくという考えかたは簡単に受けいれられるものではなくなります。自分が死ぬというのは不合理なことであって、受けいれがたい。そこからくる不安や苛立ちは、人類の未来に希望を託すことによって解消できるとはとうてい思えない。そういう時代です。この時代、社会の不安や苛立ちを映す思想として実存主義がありました。実存主義とは、個人としての自分がいままさに生きているということが、その自分にとっては重要な問題であり、同時にそれは重荷でもある、という思想です。それは、生の社会的な広がりを信頼することができなくなった時代の思想といえるでしょう。そうなると、自分の死をどうやって納得し、受けいれるかということは大問題になる。

この問題を比較的冷静に考えて、しかしどのようにしても解決できないという地点で終わっているのが、たとえばハイデガーの哲学です。ハイデガーは、人間の一番根本的な条件、存在の基底の一つは、「死への存在」にあるといいます。それは動物にもない条件だし、もちろん神様にもない。人間は、つねに死を見つめながら、死を絶対的な限界条件として生きていると考えるのです。そのことに苦しみ悩むだけではなく、それが生きる力にもなるのですが、こういう考えかたとマルクスの思想とは根本的にちがうものだと思われます。死を類が個人に勝利することととらえて受けいれるのがマルクスだとすると、それはできない、死はそんなものではない、と考えるのがハイデガーです。もちろん、キルケゴールもニーチェもそうですし、サルトルもどうやらそういう感じがあります。実存主義はマルクスとはちがう時代の思想だという感を深くします。

時代との関連でいえば、二〇世紀に二つの世界大戦を人類が経験したことが大きい。科学と知識の限りを尽くした文明の最先端において、大量殺人、大量破壊がおこなわれた。ナチスの強制収容所では、無抵抗の人間を計画的・機械的に殺すことさえおこなわれた。そういう経験を経たあとでは、未来に希望を託して生きていくという考えは、心理的になりたちにくい。死が個人にたいする類の勝利だとしても、その類がみずからを滅ぼす、自壊する、といった恐れもなくはないのです。

そういう経験を経た二一世紀の現在から振り返ると、マルクスの死にたいする考えかたは、人間が社会的存在であり、この世に生きていることの内実として、社会のなかにきちんとした足場をもち、人びとともに生きることに意義を感じていることを示すものだといえる。そういう意味で、強い思想、安定した思想といえるのではないでしょうか。

マルクスは、このあとの論考では死についてはほとんど触れることがない。さきほどの男と女の関係もそうですが、断章のようにチラッと顔を出す箇所でも、丁寧に読んでいけば、そこにはなかなかおもしろい問題が潜んでいると思います。

全体性と多様性

死についてのマルクスの考えかたから、もう一度、社会性の把握の仕方の問題へと視点をもどします。人間が社会的に生きながら、個人と個人が互いに交流し合い、関係を深めるさまにマルクスは注目します。何千万、何億の人間がそうやって日々を暮らしています。そうやって人間同士が作り上げる社会は、権力による疎外や、私有財産による疎外がなんらかの形で克服の方向へと向かえば、きわめて多面的な人間関係の広がりを示すことになる。そうした未来のゆたかさ、人間のもっている可能性を明らかにするためには、なにを入り口として考察し、どのように記述すればよいのか。

まず最初に取り上げられるのは、人間が生きていくこと、生活していることが、すでにして多面的な活動や思考や感覚の集積としてあり、それが人間の一人一人の生活なのだということです。個々の人間の生活の積み重なりがあって、社会的な生活のゆたかさが出てくるというように話が進んでいく。

> 私有財産とは、人間が、自分を対象とすると同時に、自分にとって疎遠な、非人間的な対象となることを感覚的に表現するものである。いいかえれば、人間の生命の発現が生命の外化であり、人間の現実化が現実剝奪であり、現実を疎遠にすることであるのを、感覚的に表現するものにほかならない。

ここに語られているのは疎外です。外化と疎外に関連して触れたことですが、何事かが実現する、あるいはなにかを対象化するということが、すでにして疎外の可能性へと向かうことです。

だとすれば、私有財産の積極的廃棄たる、人間的な存在と生活の感覚的獲得――対象としての人間、および人間の仕事を、人間のために、人間の力によって感覚的に獲得すること――は、なにかを所有し、なにかをもつという、直接的で一面的な享受としてとらえるだけでは足りない。人間はおのれの全面的存在を全面的に――つまり、全体的人間として――わがものとするのだ。世界にたいする人間的な関係の一つ一つが、つまり、見る、聞く、嗅ぐ、味わう、感じる、考える、直観する、感じとる、意志する、活動する、愛する、等々が、要するに、（形の上で直接に共同性を示す器官をふくめて）人間の個性的な器官のすべてが、対象としてのあらわれかたや対象とのかかわりにおいて、対象をわがものとする働きなのだ。人間的現実をわがものとする対象とのかかわりは、人間的現実を実現する行為なのだ。だから、その行為は、人間の本質規定と活動が多様であるのに見合って、多様な形を取る。

人間の行為そのものの、どの部分にも社会性が浸透していく。その程度に応じて、生活は全体的で多様なものになるといわれています。

人間的現実の全体性と多様性について、その基礎にある関係を整理しておきます。一つは対自然の関係です。これはすでに一度、図式化を試みましたが、人間と自然との関係としていえば、一方には自然が人間化されていく過程があり、他方には人間が自然化されていく過程がある。しかし、人間はただ一人の個人として自然に向かっているわけではない。個人としてさまざまな形で自然にたいして働きかけることに、当人が強い充実感をもつということはありえます。ですが、自然と向き合ってそこに立っている人間は、個という孤立した人間ではない。ある種の社会性を背負い、社会性を体現した人間として自然に立ち向かっています。

そして、マルクスにあっては、自然と人間との関係に加えて、人間と人間、自分と他人との関係が、もう一つの大きな思考の基軸になっています。この対人間の関係では、関係の深まりとともに、個人が、どんどん社会的な存在になっていく面がある。典型的な関係としては、教育を考えればいいでしょう。社会のしきたりや作法を覚えることがそうだし、社会に不満を抱き、その社会を自分がいかにして変えていくかを考えるのも社会化といえます。

人間の対自然の関係、対人間の関係が二つの基軸となって、社会の多様化が進む。その過程は、多様化の過程であると同時に全体化の過程でもあります。全体化の過程とは、社会的な諸関係があらゆるものを例外なく巻きこんで全体的なものになっていくことをいいます。人間の行為の場所は、社会という大きな枠組のなかにあり、個人のいろいろな行為は社会に跳ね返って、それがもう一回、自分にもどってくるという、そういう往復運動をおこないますから、当然そこでは行為は社会的な関係と広がりをもち、全体的なものになっていく。どんなに異質に見え、異端的に見えることであっても、やがては全体のなかに組みこまれていく。マルクスはそれを、人間にとって意味のあること、価値のあることだと考えている。そうした関係の構造が、生きるということの全体性と多様性としていわれている。

個人の社会化や、その裏面をなす社会の主体化については、ヘーゲルもたとえば『精神現象学』や『法哲学講義』などで詳しく展開しています。しかし、そのことを人間の感覚にまで踏みこんで考えるのがマルクスの新しさではないか。人間の対自然の関係のなかに、人間と人間の関係を組みこむというのはマルクス独自の視点ですが、その視点の確立はマルクスが労働や生産活動などの行為や人びとの日々の生活をいつもはっきりと見据えていたことを意味します。一種の思想の強さがそこには出ていると思います。

感覚と社会性

人間が生きているというその生《なま》の経験を思想の主題に取りこむことは、思うほど簡単なことではありませんが、マルクスはその取りこみを感覚の問題に即してやってみせます。目のつけどころとしてはすこぶるおもしろい。

目が人間の目になるのは、目の対象が、人間によって、人間のために作り出された、社会的で人間的な対象になるのと並行する現象だ。つまり、人間の感覚は、直接に実践のなかで理論的な力を獲得していく。感覚は、ものごとへの関心ゆえにものごとにかかわるが、ものごと自体は、おのれにたいしても人間にたいしても、対象的・人間的にかかわるのだ。……

人間の目が、粗野で非人間的な目とは異なる形でものを享受し、人間の耳が、粗野な耳とは異なる形でものを享受するのは、いうまでもない。
すでに見たように、人間が対象のうちにおのれを失わないで済むのは、対象が人間的な対象、もしくは対象的な人間としてあらわれる場合に限られる。それが可能なのは、対象が社会的対象となり、人間が社会的存在となるからであり、社会の本質が対象のうちにすがたをあらわすからだ。

マルクスがこういう形で、つまり、社会的な関係に組みこまれたものとして感覚をとらえようとしていることは、なんといっても斬新な視点です。マルクスは感覚について考える前提ないしは背景として、人間の社会性を置く。たとえば、人間が国家のなかで働くという局面で、その行為を共同的なものだととらえるのは分かりやすい。選挙のような政治的な行為では、自分の行為を決めるのにエゴイスティックな利得も関係するでしょうが、国家社会がどうあるべきかの判断が当然のごとくに入りこんで、どの党に入れるか、どの人間に投票するかが決定されます。多くの人びとの集まりで議論するときには、自分のことだけではなく、まわりのことも考え、全体の方向性をも考慮に入れながら判断し議論する。それは分かりやすい。しかし、ものを感覚するという日常卑近な場面で、たとえば、目の前にあるのは黒いメガネケースだ、とか、あれは自動車のクラクションの音だ、といった感覚を問題にするとき、社会性がそこにもきちんとあらわれているととらえることは珍しい。とくに哲学の場合には、そういう議論の展開の仕方は、まずしない。日常卑近な感覚にこだわること自体、俗っぽいことだから避けるというのが普通です。

ところがマルクスは、ごく普通の人間の感覚のなかに社会性が十分に生きていることをいうために、感覚の問題を取り上げる。目で見る、耳で聞く、鼻で嗅ぐ、といった感覚を問題とします。感覚は、人間の肉体的・生理的な条件に否応なく左右されるものですから、社会性とは関連がつけにくい領域だと考えるのが普通です。実際、肉体的・生理的な条件にもとづくものとして感覚を考えるというのは、たとえば眼科医や耳鼻科医の実際にやっていることで、かれらは、感覚を機能の集合としてとらえる。感覚器官が故障したとき、それを治すのが役割ですから、そのようでしかありえない。

しかし、マルクスは、目がなにかを認知し、耳がなにかを聞くというとき、そこに人間の社会性を考える。となると、動物と人間が同じ音に接しても、それぞれが聞いているものはまったく異なる。あるいは、まったくちがうものとして音が聞こえているはずです。見ているものもそうです。わが家の猫が、テレビをどのように見ているのか、わたしには分からない。画面になんの興味も示さないことからして、わたしとはまったくちがうものを見ているとしかいいようがない。人間はテレビを見て笑う。なぜ笑うかといえば、別段人間の目のレンズが正確だから、笑うわけではない。見ているそのときの、見る見かたそのものが、ある種の社会性によって見ている。社会性に支えられて見ているから、おかしいときはおかしいし、深刻なときは涙を流したりもする。

テレビで見るのは人間の作った人工的な映像だから、映像そのものが社会的だが、もっと自然な、たとえば、もの静かな夜に、聞きなれぬ物音にドキッとする場合でも、わたしたちは社会的に音を聞いている。なにか危険が迫っているように感じるとき、どんなに小さな物音でも、聞きながしていい音と注意すべき音とは聞き分けています。そのときは、自然に近いところで生きているけれども、音が危険であるかどうかを判断していることが、社会的な状況のなかで耳が働いているということを示しています。

いまの例は、マイナスの状況で保身のために感覚が働く場合ですが、マルクスが例として出すのは、音楽を聴く耳はどのように働くのか、といったもっと積極的な場面です。マルクスはその場合に、対象によって感覚が高度化していくといいます。われわれは普通、自分の努力によって目を鍛え、いろいろなものが美しく見えるようになる、あるいは耳をずっと澄ましていられるようになって聴覚が洗練されていくと考えますが、マルクスはそうは考えない。感覚の対象、自分の目にする対象、耳にする対象が高度化することによって、感覚も研《と》ぎすまされて高度化していくのだ、と考える。

たとえば、クラシックばかりを聴いている人が、突然騒がしいジャズを聞いたとすれば、最初はこんなの音楽ではないと拒否するかもしれないが、聞いているうちにそのよさを聴き分けられるようになる。いいなと思う曲がだんだん広がっていって、全体としてジャズを受けいれていくことにもなります。これを対象に即していえば、高度な、すぐれたジャズ曲がジャズに拒否的な人の聴覚をジャズに向かって開いたといえる。高度なジャズに接して、こちらの感覚の仕方が対象に寄りそうように働き、高度化されたといってもいい。それは一言でいえば慣れるということですが、慣れるというのは、まさしく、社会化していくこと、社会性を獲得していくことです。

わたしたちはさまざまなものやことに慣れながら、感覚し、行為する。そのなかで、対象の高度化とともに、感覚が研ぎすまされる。では、対象の高度化はいかにしてなされるのか。人間の自然にたいする関係においてです。自然を人間化し、人間を自然化していくということ、そのことによって次々と新しい対象が作られていく。現代はその変化がなんともめまぐるしい。携帯電話がいい例ですが、登場からまだ十数年ほどで、もう生活上、ほとんど必要不可欠なものになっている。多くの人が先を争って使うようになると、機械そのものがどんどん高度化していき、それに合わせて感覚も高度化していく。

逆にいえば、社会的活動が多彩になっていくということは、社会的活動と自然との関係が多彩になっていくことであり、もう一方では、感覚が高度化され、それによって、さらにその先、またさらにその先という展開が可能になることでもある。そこには循環をなす構造がある。ここで、その構造に疎外の問題を入れて考えれば、循環の運動を断ち切ろうとするものが疎外であって、それが人間の自然な活動を阻害することになる。しかしマルクスは、とりあえずその問題へは向かわず、感覚という人間活動のもっとも基礎的な場面において、こうした構造のなりたちを考えようとしているのです。

音楽とマルクス

人間の音楽的感覚は音楽によって初めて呼びさまされるので、非音楽的な耳にとっては、最高に美しい音楽でさえ、いかなる意味ももたないし、音楽として対象になることがない。というのも、わたしの対象はわたしの本来の能力の一つを証明するものにほかならず、わたしがわたしの本来の能力を主体的能力として自覚するかぎりでしか、対象はわたしにとって存在しないからだ。

言いかたは難しいのですが、さあ、これから音楽を聴くぞ、というとき、なんらかの対象にたいする心構えがないかぎりは、聞こえてくる音が単なる雑音になってしまうというくらいに取っておけばいいでしょう。

対象がわたしにとって意味をもつかどうかは、（当の対象にふさわしい感覚にたいしてしか意味をもたないのだが、）わたしの感覚が対象世界にどこまで入りこむかによって決まってくる。だから、社会的人間のもつ感覚は、非社会的人間のもつ感覚とは別ものである。人間の本質が、対象の形を取った富を積み上げるなかで初めて、主体的で人間的な感性のゆたかさが形作られ、産み出される。そのなかで初めて、音楽的な耳が、あるいは、形の美しさをとらえる目が、要するに、ものごとを人間的に享受しうる感覚、人間本来の能力の存在を証明しうる感覚が、形作られ、産み出される。というのも、人間の五感のみならず、いわゆる精神的な感覚や実践的感覚（意志や愛など）までもが――一言でいえば、人間的な感覚、ないし感覚の人間性が――それに見合う対象の存在によって、つまり、人間化された自然によって、初めて生じてくるからだ。五感の形成は、これまでの世界史の全体によってなしとげられた成果なのだ。

五感とは、見る、聞く、嗅ぐ、触る、味わうの五つの働きのことですが、その働きが世界史全体をとおして人類がこれまで築いてきたものの成果としてあるという。いまに引きつけていえば、二一世紀に至る世界史の成果としてわたしたちの五感があるというわけです。「おお、そうか。おれの五感は人類史全体の成果か」と考えるとうれしくなるような文言ですが、まあそれは冗談として、実際にそういうことは、身近なところで事実として確認できる。料理を味わう場合を考えてみるのがいいでしょう。朝鮮料理に慣れていないあいだは、ニンニク臭いとか、キムチの辛さはどうも、などといっていたのが、だんだんに慣れてくると、それがうまく感じられるようになり、自分から好んで食べるようにもなる。朝鮮料理の長い歴史と日本の食習慣の長い歴史とが、自分の味覚のうちでうまく折り合った結果ですね。この例はもちろん、朝鮮差別の意識もふくめて、歴史的にさまざまな事情のからんだ問題ですから、厄介な問題をもふくんではいる。しかしマルクスは、差別意識をもかかえこんだものとして世界史の流れを考えているはずです。負の遺産もふくめて、長い歴史のなかで作り上げられてきたものが、いま現在のわれわれの感覚を生んでいると考えているはずです。

一つ一つの場面を取ってみれば、マイナスの働きをもつものも多い。マルクスのいう人間の疎外が、感覚にかんしてもいろいろと起こるはずです。マルクスがそのことを踏まえていないはずはない。しかし、どんなに疎外や差別や階級対立があったとしても、人間の歴史は前へと進んできた。だから、これからもそういう歴史のなかで感覚の社会化はさらに進んでいく、とマルクスは考えたのです。なにもかもがうまくいくわけではないが、大筋においては一つ一つの力と行為が新しい世界を作り出していき、それがもう一度人間の感覚に帰ってくるときには、人間はその世界をゆたかさ、あるいはしあわせとして享受できるはずだ、ということがここでは言われています。

したがって、マルクスが音楽をどの程度に好んだかは分かりませんが、ここでは音楽によって――マルクスの場合には、クラシック音楽や西欧の民族音楽などが視野に入っているのでしょうが――、一人一人の耳が鍛えられていき、さまざまな音の流れを享受できるようになるということは、個人の努力や境遇の問題ではなく、社会全体の大きな動きのなかで感覚が培われていき、だんだんとゆたかになるのだということです。

このマルクスの考えかたは、今日のわれわれにも説得力をもっていますが、現代の先端科学が作る人間像は、必ずしもそういうものではない。たとえば、脳科学では、感覚と脳の部位とを精密に対応させようとしますが、そういうやりかたでは、感覚の社会性を問題にするのは難しい。それとちがってマルクスは、人間のもっているそのときそのときの感覚が、大きな人間の歴史につながっていく面を考えようとし、感覚そのもののもつ社会性に目を据えたかったのです。そこに着目することによって、人間の感覚までもが、社会的な諸関係と、その歴史的な展開によって鍛えられるさまを明らかにしたかったのです。

感覚についてまでその社会性や歴史性に注目するマルクスですから、学問や思想を社会的・歴史的にとらえるのは当然といえる。マルクスが批判の対象とした経済学にしても、マルクスの前にはアダム・スミスがいて、リカードがいて、オーエンがいるわけです。それらをさんざん読みこむなかで、『資本論』のあの世界が出来上がっていくわけですから、当然それは強く社会性と歴史性を帯びている。そしてマルクス自身も、ただたんに学者の世界に向けて、あるいは国家の中枢にいる人間に向かって自説を述べるのではなく、ごく普通に生きている人たち、苦しい思いをして働いている人たちにまで、自分の思想をきちんととどかせたいわけで、その意味でも社会性を踏まえた議論をするわけです。

その点では、社会性のもっている規模の大きさ、地平の広さを、マルクスは『経済学・哲学草稿』でも懸命に確かめながら論を展開していると思われます。感覚の問題ですら、このようにきちんと社会性がなりたつような場面があり、それは人間にとって根本的な意味をもつ領域なのだということを、いわば自分で自分に確かめつつ語っているという感じがする。そういうところに若いマルクスがものを書いたり考えたりしていくときの情熱があったと考えられます。

感覚はすべての学問の土台でなければならない。学問が感覚から——感覚的意識と感覚的欲求という二重の形態をとる感覚から——出発するとき、つまり、学問が自然から出発するとき、そのとき初めて、学問は現実的な学問となる。「人間」が感覚的意識の対象となり、「人間らしい人間」の欲求が人びとの欲求となることこそが求められているので、人類史の全体はそのための準備の歴史、そこに向かう発展の歴史なのだ。人類史とは、自然史の——自然が人間となる歴史の——現実的な一部分だ。自然の学はのちには人間の学になるし、人間の学は自然の学を内にふくむことになる。こうして、一つの学が出来上がるのだ。

マルクスは人間の歴史の最終場面において、学問と生活とが過不足なく結びつくと考えています。学問の土台と、人間の生きる土台とは、基本的には一致する。いいかえれば、同じ土台から学問も生活も芽を出し発展していくので、その土台をマルクスは、感覚という言葉、あるいは自然という言葉で表現しようとしている。

感覚と自然とは、われわれの常識からすれば、すぐには一致しないものですが、感覚が、たとえば思考や意志などと比べて自然に近いものであり、人間の肉体的な条件に深く根ざし、肉体的な条件によって大きく左右されることは認めていいでしょう。が、だからといって、感覚は粗雑なものなどではない。人間の肉体は、人間化され、精神化されたものですから。そのことをふくめて、感覚は自然に近いもので、人間の生活の土台にあるものである、といってよい。自然が高度化していけば、その分だけ感覚も洗練されていく。そうしたなかで人間の学問が出来上がっていくし、人間の生活も土台が作られていく。さきに「根っこ」という言葉に注目し、現実の根っことしてあるものが人間であり、労働であるといいましたが、感覚や自然は人間の生きる土台になるものですから、根っこのもう一つ根っこということも可能な、それほど基本的なものだと考えられている。

以上がマルクスの感覚論の大筋です。人間の根っこに感覚や自然があり、それを土台にしながら、人間の文化や社会が大きく開いていくとマルクスは考えます。そして最終的には、人間の学は、結局は自然の学である。あるいは、自然の学は、自然が人間化されていくという大きな構造のなかに組みこまれる。そうだとすれば、「私有財産と共産主義」の最初にいわれていた、人間疎外が克服され廃棄された段階では、人間主義と自然主義とは一体のものとして浮かび上がってくることになる。社会のありようとして、また学問のありようとしてそうなるはずです。学問そのものが人間をありのままのゆたかな存在として見つめれば、人間の学がそのまま自然の学になり、自然の学がそのまま人間の学になる、という大きな視野が開けてくる。そのような人間と自然、社会と学問のありようを掘り起こそうとして書かれたのが、この「私有財産と共産主義」といえるのではないでしょうか。

【対話】

――マルクスの日本語訳で、つねづね私有財産ということばがなにかしっくりこなかったのですが、私の有であって、日本語で「私」とは、なんとなくいいものだとして使われている感じがあります。マルクスがいっていることを約《つづ》めれば、私有財産とはよくないものである、ということになります。日本語では、私物化ということばだ、と。ほかの「私」を組みいれた言葉は、それこそいい意味なのではないでしょうか。私有財産ということばは、訳語として果たしていいのだろうかと思います。わたしとしては違和感があるのですが。

わたし自身は、いままでそのように感じたことはありません。マルクスの本ではたしかに、「私有財産」は批判の言葉、マイナスの言葉として出てきます。「私」という語は、確かに一般的には悪い意味で使われるものではありませんが、「私有財産」は経済学用語としては、それ自体が悪いというものではない。マルクスの文脈では労働を疎外する根本要因だとして批判の的となりますが、言葉使いとしてそれに違和感をもったことは、わたしはない。

違和感ということでは、むしろ「共産主義」ということばを使うとき、坐りの悪い感じがあります。『マルクス・コレクション』（筑摩書房）では「コミューン主義」と訳していて、なるほどなと思います。それはしかし、「私有財産」ということばの場合とは事情がちがうように思います。「共産主義」ということばは、これまでの世界史の経過のなかで、そのことばのもとにさまざまな不幸な状況が生まれ、それを主導した人間たちが自らを共産主義者と名乗って自己肯定してきたという事実があって、そのために「共産主義」ということばは使いづらくなっています。「私有財産」ということばは、純粋に概念的な、客観的なことばなので、そこは決定的にちがいます。

――ヘーゲルですと、感覚や表象よりも思惟、考えることが重要だということになりますね。自然よりも精神のほうが上だという構図であった記憶があるのですが、マルクスはまったく逆だなと思いました。これはヘーゲルとマルクスのあいだにいたフォイエルバッハの影響でしょうか。

影響してはいるでしょうが、どの程度の影響かというと、ちょっと見定めにくい。ヘーゲルからマルクスへという過程のなかでは、フォイエルバッハはきわめて重要な存在で、マルクスは、『経済学・哲学草稿』を書くに際して、もちろんフォイエルバッハを参考にしていますから、フォイエルバッハの考えがマルクスを後押ししたことは考えられると思います。ですが、本当の意味で影響を受けたのかという点では、フォイエルバッハが『キリスト教の本質』などで述べている感覚や自然と、『経済学・哲学草稿』で使われていることばの用法とは、ぴったり一致するものではありません。フォイエルバッハの影響がなかったなどという気はまったくないのですが、マルクスを今日読み直す上で大切なのは、マルクスにとって感覚や自然は思想の土台をなすものとしてきわめて重要であり、マルクスはそういうものとして感覚と自然を自分の思想のなかに位置づけ、自分の力で考えようとしたという点です。『経済学・哲学草稿』ではやはり、マルクス独自の自然観や感覚論が強く出ている印象が強い。フォイエルバッハに乗っかっているというだけではとうてい済まないと思います。

ただ、ヘーゲルからマルクスへの移行のなかで、感覚と思考、自然と精神との関係の問題が、フォイエルバッハもふくめてどのような意味で転換したかは、ただたんにマルクスの思想上の問題というだけではなく、一九世紀中盤の思想史の動向としてきわめて大きな問題です。なぜ、自然や感覚が主題として前面に出てくるかということも、また大きな問題だと思います。その観点からしても、マルクスのここでの議論は興味深いものです。

――現実の生活は、疎外された状態であるというとき、その疎外されているということそれ自体も、まさに人間が作っている現実にちがいないと思われます。つまり、疎外されていないことが、人間にとって本来の状態だといわれますが、疎外されている現実もまた本質だと思えるのです。一人の人間が、疎外された状態のままを生き、一生を終えて死んでしまうということは、本質的な生きかたはついにできずに生涯を終えたということではなく、人間としては本当に充実して生きたともいえるだろうという気がします。結局は、疎外されている現実と、疎外されていない人間の本質との関係をどうとらえるかという問題になると思うのですが、そこはどのようになっているのでしょうか。なにかしら抽象的な概念か、論理的な構造かを使わなければ、それはとらえられないということなのでしょうか。

疎外のありようを客観的に分析したり理解したりするには概念や論理が必要ですが、わたしがとくに注目したいのはマルクスの思想的な立場です。疎外というのは、いまいわれるように本来的なありかたと疎外されたありかたとの二つを並べて、客観的な事実として、これは疎外されている、これは本来的だ、と区別するようなそんなものではない。疎外の状況も、疎外を超えた人間と自然と社会のゆたかな関係も、二つながら現実としてわたしたちの前にある。が、現実にある疎外を疎外ととらえるには、また、さらに進んで疎外を超えた関係性を探りあてるには、こちら側に人間とはなにか、社会とはなにかを原理的に問いつめる主体的姿勢がなければなりません。マルクスの場合、自然や感覚にまで降りていって人間をとらえる思想的な立場が、歴史と社会に向かう主体的姿勢を支えていたと思います。

おっしゃるように、疎外された現実も、現実であることに変わりはない。となると、問題は、現実のなかで否定されるべきものと、肯定されるべきものとを、どのように区別できるのかということにある。それは分析と価値判断がともどもかかわってくる本当に大きな問題です。ヘーゲルの奴隷制にかんする議論を例として考えてみます。かつて奴隷制はまぎれもない現実だった。さらに、奴隷制のもとで、一部の奴隷は一見しあわせな境遇を享受してもいた。けれども、ヘーゲルは奴隷制が人間の本質に反すると考える。とすれば、人間の本質とはなにかが問題になる。ヘーゲルは、人間一人一人が生きていくとき、肉体的にだれかがだれかの支配下にあり、縛られて生きるということが、人間の本質に反すると考える。これは、一種の価値判断です。ただ、価値判断といっても、それはたんなる個人の主観的な思いなどではない。社会そのもののなかにある価値判断、社会に根ざしている価値判断ということになると思います。話は煩雑になってきますが、思想家としてある価値判断をもたざるをえないということには、こうした問題が同時に底流しているといえます。ですからそこは、ある意味で危険なところでもあるわけです。

——女にたいする男の関係について、マルクスが触れるのは珍しいといわれましたが、この時代、一方では共産主義者と称する人たちが、婦人の共有といったことを唱えていて、かれらにとってはマルクスやエンゲルスが、女性にたいして共産主義者としてどういう態度を採るかということは重大な問題ではなかったか、と思うのです。『経済学・哲学草稿』から引かれたわけですが、このすぐあとには、『共産党宣言』で、共産主義者は婦人の共有をいっていると、ブルジョアジーが批判をしているけれども、そんなことではないとマルクスはいっています。ですからこの問題は、この当時のマルクスにとっても重要ではなかったかと思うのです。珍しいというよりも、根幹的ではなかったか、と。

『共産党宣言』にたしかにそういう文言がありますが、ただそこで問題とされていることは、今日のフェミニズムで問題とされていることとは次元がちがうものではなかったかと思います。マルクスが考える社会の差別の一番根にあるものが疎外だとすると、女性の問題も疎外からの女性の解放として論じていくことになる。そういう大きな流れのなかでいえば、男女の関係の問題は、ユダヤ人問題もそうだが、この頃のマルクスにとってそれほどの重要性をもってはいなかったのではないか。わたしはそう考えています。

ただ、「珍しい」という言いかたは少し不用意ではあったかなとも思いますので、次回に『共産党宣言』を取り上げる際に改めて考えてみます。マルクスにとって男女の問題が、差別の根本に触れるものとしてあったのかといえば、やはりそうは思えないところがありますので、いまのところは、前言を撤回する気にはなれませんが。

第四章　社会変革に向かって
——マルクスの人間観——

その後のマルクス

ここまで、『経済学・哲学草稿』を、「疎外された労働」と「私有財産と共産主義」に焦点を絞って読みました。初期のマルクスが哲学に強い関心をもち、哲学的に思考を重ねていた主題について読んできたことになりますが、マルクスはそこから経済学の研究に方向転換する。そうしたなかで、これまで取り上げてきた哲学的な問題が、のちの思考の展開にどのように吸収されたか、あるいはどこが棄てられ無視されたか。そこを考えてみたい。『資本論』という大きなスケールの経済学的研究が完成していく過程で、哲学的な自然観や人間観はどうなったか。哲学的思考はどのようにそこに流れこみ、どのようにはじき出されたのかを考えてみたいと思うのです。

用意した資料は、『フォイエルバッハにかんするテーゼ』と『ドイツ・イデオロギー』と『共産党宣言』と『経済学批判のために』と『資本論』から抜萃した文の私訳です。

『フォイエルバッハにかんするテーゼ』は、『ドイツ・イデオロギー』と対《つい》の形で、あるいはそれの付録のようにして刊行されることが多い。執筆されたのは、『経済学・哲学草稿』と大体同じ頃、一八四四年から四五年の時期と推定されています。

『ドイツ・イデオロギー』は、その当時のドイツ哲学の批判です。フォイエルバッハにたいする批判が一番大きな比重を占め、あとはブルーノ・バウアー、マックス・シュティルナーを批判しながら、次の研究段階への準備がなされている。ですから、これは経済学の方向へとはっきり踏み出した時期のものというより、いまだ経済学と哲学とが混在している段階、その意味で『経済学・哲学草稿』の延長線上にあるものと考えていいと思います。ただ、経済のことにかんしては、『経済学・哲学草稿』よりは踏みこんだ記述がなされています。年代的には、『経済学・哲学草稿』よりどんなに遅れたとしても一年ぐらいの差です。

次に、『共産党宣言』。これはマルクス個人のものではなく、エンゲルスと共同で書いたものです。しかもこれは、共産党を新しく国際的なプロレタリアートの組織として立ち上げようとするときの宣言文ですから、マルクスの個人的な思想を探るという筋からすれば、やや位置がずれるものです。ただ、マルクス自身が実践の問題をどのように考えたかということは、当然ながら気になるところです。執筆はおおよそ一八四八年ですから、『ドイツ・イデオロギー』より三年ほどあとのことです。

それから、『経済学批判のために』。これは、経済学がマルクスの中心的な主題になった段階のものです。『経済学批判のために』は、『共産党宣言』からさらに一〇年くらいあとのものです。そこからまた一〇年くらいを経て、『資本論』が登場します。その間、マルクスは精力的に経済学研究を続けました。『資本論』からの引用は、労働の二つの形態を論じたところからの抜萃です。マルクスの人間観がいかに作りかえられていったのかを考えてみるための引用です。

マルクスの人間をとらえるとらえかたが、『経済学・哲学草稿』以後、どう変わっていったのか。マルクスの場合、人間をとらえることと社会をとらえることは切っても切れない関係にありますので、初期の考えかたが、資本制社会の構造研究のなかでどうなっていったかは興味深い問題です。『資本論』に至る過程にあっては、経済学のほうに研究が集中していくわけですが、そこでも若い頃に考えていた問題が消えてなくなるはずはない。それがどう変遷していったか、これをわたしはきわめて重要な問題だと思っています。大きなスケールでいえば、これはヨーロッパの思想史全体の流れのなかでの一つの転回点をなすだろうと思います。マルクスの思想が、哲学的にはヘーゲル批判から出発しながら、社会変革へと向かい、しかもなおかつ総体としての人間の生きかたへのまなざしを失っていない、ということのもつ意味を考えてみたい。

事実上、二〇世紀の社会主義国家の命運は、今日から見るとしあわせなものとはいえません。われわれはそのマイナス面のほうをはるかに強く印象づけられている。しかし、共産主義の思想としての生命は、それをもって絶たれたわけではなく、それなりに大きな意味を依然としてもちつづけていると思います。この問題を考えていくときに、マルクスがその思想にたどりつくために、どんな問題をどういう形に組みかえていったのかということが重要な意味をもってくると思います。前章までで考察した、自然観、人間観、あるいは労働観は、いったいどうなっていくのでしょうか。

人間と社会の土台としての自然

まずは自然観です。「自然」ということばでわれわれが普通にイメージするのは、野山を歩くことで出会うような自然――文明と対立する、人間の手のあまり加わっていない自然――です。しかし、マルクスは「自然」がそういうイメージと結びつくことをもちろん知っていながら、その一方、自然とは人間の生活の、人間の生きかたの根底・土台をなすものとして、まず考える。たとえば、人間の肉体は、人間にとっての自然だとマルクスは考える。われわれの肉体的な条件は、自然そのものだというのです。もちろん人間の生は、さまざまな文明のなかにあり、自然のままに生きているとはとうていいえない。しかし、たとえそうであっても、自然が人間の生の土台をなすことは動かない。たとえば、寿命が延びたといっても、未開人の寿命のせいぜい三倍か四倍ぐらいにしかならない。とすれば、長い人類の歴史を考えるとき、文明の力で延ばすことができた寿命など、高が知れているともいえる。人間は大きな枠組としては、依然として自然を土台に生きているということになります。

さて、人間の生の土台と考えられた自然が、『経済学・哲学草稿』以降、どうなっていくのでしょうか。

> 使用価値を生み出す労働についていえば、その労働が素材的富の唯一の源泉だというのは間違っている。この労働は素材をあれこれの目的に役立つように加工する活動なのだから、素材があらかじめあたえられていなければならないのだ。……自然物をなんらかの形に加工するという合目的活動としての労働は、人間の生存のための自然条件であり、あらゆる社会形態から独立した、人間と自然とのあいだの素材交換のための条件である。
>
> （『経済学批判のために』）

『資本論』でも、自然にたいする言及は、同じような形を取ります。

> 上着や布のような、もとから自然にあるのではない素材的富が存在するには、合目的活動がそこに介在し、特殊な自然の素材を特殊な人間の欲求に合うものに仕立てなければならない。だから、使用価値を形成する有益な労働という意味での労働は、あらゆる社会形態から独立した、人間の生存の条件であり、人間と自然とのあいだの素材交換によって人間の生活

をなりたたせる、永遠の自然必然性である。

使用価値たる上着や布などの商品体は、自然の素材と労働との二要素が結びついたものだ。上着や布などに投入された、ありとあらゆる有益な労働を全部まとめて取り去るなら、あとにはつねに、人間の手が加わる以前にもともとあった物質的土台が残るはずだ。人間が生産活動においてやれるのは、自然にならって素材の形を変えることでしかない。いや、そう言うだけでは足りない。形を作るというこの労働において、人間はたえず自然の力に支えられている。だから、労働はそれが作り出す使用価値——素材的富——の唯一の源泉ではない。ウィリアム・ペティの言うように、労働が富の父であり、大地が富の母だ。

マルクスは、『資本論』においても自然を生活と労働の基礎に置いていることが分かります。「素材的富」という言葉がおもしろい。翻訳語としてあまりいいとはいえないのですが、人間のいろいろな富をなりたたせるための、その素材となるようなもの、われわれがそれを加工して高度な製品を作る、そのもととなるものを考えればいいと思います。今日われわれの身のまわりにあるきわめて高度な製品としてたとえばパソコンがあります。キーにちょっと触れるだけで、世界中のニュースが入ってくる機器、そういうものは、とても素材的富とはいえない。素材的富とは、自然を少し加工して人間の用に役立てたもの、今日の晩ご飯のお惣菜の芋の煮っころがしなどがそうです。服でも石油などの鉱物資源を使わずに、蚕からとった絹とか、綿を紡いだ布とか、また、履物では、手のこんだ高級靴ではなく、草鞋《わらじ》や草履といったものが素材的富と考えられる。そこでは、自然が大きな要素として生きています。この素材的富がなりたつためには、加工労働が、引用箇所で使われていることばでは「合目的活動」がどうしても必要です。それが人間が生きていくための絶対的な条件である、と。われわれはそれをぬきにしては、生きていくことができないとマルクスは考えている。

戦後の日本では農業人口がどんどん減少し、工業人口の割合が高まり、やがて第三次産業といわれるサービス労働が、労働全体の大きな比重を占めるようになった。それが過度に進むと、昨今に見られるように、方向を転じて農業に帰っていこうという傾向が出てきます。素材的富の生産にみずからかかわろうとする傾向といえる。

ただ、マルクスはそこまで考えてはいない。高度になりすぎた産業化に逆行する形で、社会の安定が図られるといったことはマルクスの思慮の外にあることでした。それは、マルクスの経済学的な分析に組みこまれることはないのですが、ただ自然に近づき、素材としての自然を意識するような方向性を、マルクスは否定するはずがない。どんなに工業が発達しようと、人間関係が高度化しようと、人間の生活と社会が自然をベースになりたっていることに変わりはない。そのことを意識しなくなることは、マルクスによれば思考の怠慢だということになるでしょう。われわれの生活をなりたたせる基本のところに自然がある、というのがマルクスの自然観の核心ですから。

『資本論』の分析を通して、マルクスが、自然に帰れとか、自然が大切だと主張することはありませんが、冷静な事実の分析として、人間の生活の土台に自然があることは『経済学・哲学草稿』から、『資本論』に至る思考において、変わらず前提とされていることです。

もう一つ注目したいのは、「人間と自然とのあいだの素材交換」ということばです。これは『経済学批判のために』にも、『資本論』にも出てきます。人間と自然との関係は、人間が自然に働きかけることでそこに交換がなりたつことだというわけです。分かりやすい例として、食べものの調達・調理を考えるとよい。畑でできたものを取ってきて料理するのですが、まず、畑で作るということ自体が、自然を人間に役立たせ、食べものという有用なものを作り上げる行為です。そうして、出来上がったものは、人手の加わった自然物ですが、それをさらに人間の口に合うように工夫する。日本列島では縄文の頃から煮炊きをしていますし、土器のなかに入れて保存もしている。そうしたことも、自然を人間的なものにすることです。しかもそれは、自然の法則に従ってやっているわけで、人間は、自然に働きかけることでだんだんと自然の法則を認識していく。そうやって自然と人間とのあいだの交換がしだいに合理的になっていく。その交換がスムーズで、生活が安定してくれれば、そこに人間の社会がなりたちます。

そうやって人類の社会生活は太古の昔から途絶えることなく続いてきたわけで、現代の文明社会に至って、核兵器によって、あるいは自然破壊によって、人類が滅亡するかもしれないとすれば、それはやはり罪深いことだといわねばならない。ずっとこれまで、どんなに過酷な条件のもとでも人類は続いてきたわけですから。これほど文明が発達したその結果として人類が滅亡するのだとすれば、それこそ不条理のきわみというべきです。

人間の生と社会の基盤として自然との素材交換があり、その持続によって人間が長いあいだ生命を維持し、社会を存続させてきた。そのことをまず大前提として押さえておくべきだという考えは、のちのマルクスの思考にも底流している。そのことをまず確認しておきたいと思います。

感覚の歴史性

人間が生きているというとき、そこには二つの自然がある。一つは人間の体としての自然であり、もう一つはその体を取りまき生かしている環境としての自然です。二つの自然はさまざまに触れ合い、ぶつかり合うが、その接触の基礎にあるものとして、マルクスは感覚を考えたのでした。

第三章で触れたとおり、感覚とは、見たり、聞いたり、嗅いだり、触ったり、味わったりすることです。そのどれもが文明の歴史的な発展とともに高度化していきます。聴覚を例に取れば、風の音や鹿の鳴き声を聞くところから、すぐれた音楽を聴くようになるまでに高度化していく。マルクスの時代のすぐれた音楽といえば、モーツァルトやベートーヴェンの古典音楽です。それを人間がごく普通に鑑賞でき、そこにある種の精神性を感じ、ときにはホロッとしたり、悲しい気持ちになったりする。実際、生きることの基礎にある素朴な感覚と、音楽を聴いたり、美術作品に触れたりする感覚とのあいだには大きな開きがあり、その開きを埋めるように人間の感覚が高度化していきます。

そういうゆたかさをもつ感覚、それが全体として人間の歴史によって作り上げられてきたものだ、というのがマルクスの考えでした。ところで、その歴史的産物としての感覚は、一人一人の人間の身に具わったものとして存在しています。歴史的なものが個人のもとに個人のものとして存在している。そして、そこから厄介なとも、おもしろいともいえる問題が生じてくる。美術鑑賞を例に取りましょう。最近は、美術館にたくさんの人が詰めかけます。先頃、興福寺の阿修羅像が東京で公開されたときには、大変な人出でした。あれだけ多くの人が自発的に見にいこうとしたわけですが、その意欲のありようは、そういう時代なのだ、と歴史的に大きく括《くく》るだけでは済まない。見にいくこと、作品と向かい合うことは、あくまでも一人一人の行為ですから、その一人一人が阿修羅像を楽しむだけの審美眼をもつことは、当然、個々の人間の感覚の問題としても考えなければならない。

しかしマルクスは、芸術作品の鑑賞という問題でも、個々の人間の問題として考えるよりは、歴史の問題として考える。阿修羅像が作られたのはいまから一三〇〇年前の奈良時代のことです。その時代には多くの仏師が中国・朝鮮からの渡来人としてやってきていました。それに日本の仏師も協力して作り上げたのが阿修羅像ですが、その像を当時の人たちみんなが大切にし、それ以来ずっと像は大切に守られてきた。二〇世紀、二一世紀になって、現代文明のただなかに生きるわたしたちが、おもしろそうだから行ってみようという気になるのは、阿修羅像にまつわる千数百年の歴史が、わたしたちを連れ出す力として働いているからだ、と、そういうとらえかたをするのがマルクスです。

マルクスは、そのように歴史的に感覚をとらえようとしていた。見るわたしと阿修羅像の個人的な関係のうちに芸術や美の問題を探るのではなく、個人的な関係をも歴史のパースペクティヴのなかに置いて考えようとした。それがマルクスの感覚論です。

それでは、その感覚論が、その後どうなるのかといえば、わたしの見るところ、マルクス自身、感覚論の位置づけが難しく、その場所がなかなか得られなくなっていったのではないか。フォイエルバッハと対比する形でそこのところを考えてみます。

まずは『フォイエルバッハにかんするテーゼ』の一文を引用します。

　（フォイエルバッハの唯物論をもふくむ）これまでの唯物論のおもな欠陥は、対象、現実、感覚を客観もしくは直観の形式でとらえるだけで、感覚的な人間活動として、実践として、主体的にとらえていない点にある。

これはフォイエルバッハ批判という文脈で語られていますが、同時に、すべてを物質に還元する俗流唯物論の批判にもなっています。

もう一つ、同じ『フォイエルバッハにかんするテーゼ』からの引用です。

抽象的思考に満足できないフォイエルバッハは、直観へと向かう。しかし、彼のとらえる感覚は、実践的な人間的・感覚的活動としての感覚ではない。

フォイエルバッハの『キリスト教の本質』は、神が人間を作ったという宗教理念を逆転させ、人間が神を作ったという人間論にもっていこうとするものです。天地創造の話を作り出したり、イエスという歴史上の人物を理想化して、神に近い存在にしうること自体が、人間の偉大さの証しだとフォイエルバッハは考えた。人間のもつ偉大な力が、そうした神を生み出したのだ、と。ですから、フォイエルバッハの場合、キリスト教的な神のイメージとして提示されているものは、本来は人間の本質だということになる。それまで神が世界を作ったと考えられていたのを引っくり返して、人間が世界の中心にいて、しかも人間の生まれながらにもっている本質がしだいに顕現して、宗教の世界も作りえたのだ、と考えるわけです。それにたいしてマルクスは、人間がもともとそういう本質をもっているという考えかたは、きわめて抽象的で、社会全体を総合的にとらえるのには向かない思想だと考えます。

マルクスの感覚論では、五感ですら、歴史的に作られる。体を使って人間がさまざまなものを作り出すことによって、感覚そのものも磨かれていく。とすると、一五世紀を生きた人間の感覚と、二一世紀のわれわれの人間の感覚とは、ある種の連続性はあるにしても、同じものではない。そうマルクスは考えるわけです。

それにたいして、ヘーゲルでも、フォイエルバッハでも、非歴史的なものとして人間の本質をとらえるところがある。すると基本的には、一五世紀と二一世紀の人間の感覚は変わらないことになる。感覚の本質は変わらないけれども、もし感覚のありかたに相違があるとすれば、それは未発達ということなのだ、と。これは、言葉の、言い回しのちがいのように思えますが、そうではない。二つの考えかたのあいだには、大きな開きがある。さきほどの例でいえば、阿修羅像を見にいったとして、個人の受けとる感覚はさまざまでしょう。美しいと感動する人もいれば、「こんなもの、なんのおもしろ味もない」という印象をもつ人もいるでしょう。そのとき、感動しない者は感覚が劣っているとしないのがマルクスの立場です。

感覚のありかたを批判するとしても、歴史性を踏まえて批判しなければという考えがマルクスにはあるわけです。人びとの視覚は、歴史的に磨き上げられたのだから、歴史的に批判しなければ意味がない、と。だとすれば、われわれがいろいろなものを受けとめているいま現在の感覚は、その生成の歴史の全体をたどらなければ解き明かせないということになる。しかし、試しに阿修羅像を鑑賞している自分を思い浮かべてもらいたいのですが、青春期に特有の、憂いをふくんだ瑞々しさに胸が高鳴ったり、背後にも回ってどの角度から見るのが一番美しいかと何度も行ったり来たりする、その鑑賞の仕方は、なにも一三〇〇年の歴史を自覚的にたどっているというものではない。限定されたいま現在の自分の感覚こそがなによりも大切なのです。

感覚には本来そういうところがある。別の例をとれば、おいしい料理を食べるとき、いままさに味わいつつあるその食事の味のよさは、いまここでの話であって、それがまったく歴史をもたないとはだれも思いませんが、しかし料理と味が作り出される歴史的な過程を考えることは、そのおいしさ、つけあわせのおもしろさ、盛りつけの美しさを考えることとは目のつけどころがちがうといわざるをえない。

マルクスの感覚論のように、五感すらも人類の長い歴史の蓄積のなかで出来上がったというのは、それはそれで認められる話ですし、説得力もある。しかし、感覚を論じようとするとき、おいしいけれども、いったいなにに似ているのだろうとか、前にどこで食べたときに味わったのだろうとか思いめぐらしている場合には、まさにいま感覚しているこの楽しさやこのおいしさが問題なのです。そしてその場合には、歴史的な視点がつねに有効だとは限らない。歴史性をぬきに感覚のありさまを問う感覚論が十分になりたつのです。

また現代のスポーツを例に取ると、スピードの競争は一秒の一〇分の一から、一〇〇分の一の差で勝ち負けが決まるところまで来ている。映像の時代を反映して、勝敗の判定はヴィデオ映像に委ねられたりもしている。おそらくここまで来たのには、タイムを計り始めたときからの長い長い歴史があるのでしょうが、一秒の一〇〇分の一までも問題にできるような感覚のおもしろさについては、現代のこの時点で輪切りをして、そこで一〇〇分の一秒の意味を考えるという形でも議論は十分になりたつはずです。もちろん場合によっては、長い歴史を考えなければ意味がないということもあるでしょう。しかし、いつもそうとは限らない。一秒の一〇〇分の一を争うようになったとき、その場面での人びとの興味のもちかたは一秒単位で競争していたのとは大きく変わってくる。そしていま現在における興味のありようを問うには、歴史をさかのぼるだけでは決定的に不十分で、いまある感覚を一つの全体的な経験としてとらえる必要があると思われます。

感覚論につきまとう以上のような問題点は、芸術鑑賞でも、スポーツ観戦でも、味でも臭いでも触覚でも、同じ構造を取ってあらわれてくる。感覚論とはそのようなものでしかありえないとすれば、マルクスのように、感覚を歴史的にざっくりとらえようとする立場にあっては、いま現在の感覚のリアルさと一回性の問題は、先送りされざるをえないだろうと思います。

社会性の構造

『経済学・哲学草稿』の感覚論は、マルクスの歴史的なものにたいする視野の広がりを示すとともに、人間と自然との関係を基軸とする構想力の雄大さを示すものでもありました。しかし、それを引き継ぐような議論は、『ドイツ・イデオロギー』以降、出てきにくくなることは事実だと思います。残念ではありますが、わたしはそのことでマルクスを責める気はないし、無いものねだりをするつもりもありません。客観的事実として、そうなるといわざるをえないし、そうなるような構造的な理由があるというだけのことです。

マルクスはそのように、感覚のいわば震えるような微妙なところは、視野の外に置かざるをえなかったのですが、ではその代わりになにが大きく視野のなかに取りこまれてくるかといえば、人間活動の社会性がそれです。すでに初期マルクスにおいて、人間の社会的な生きかたと個人としての生きかたが寄りそうように展開されていましたが、中期から後期にかけてのマルクスの思想のなかで、改めてその視点が大きく生かされ、展開されていきます。

ある時期までは、社会性あるいは社会的な存在ということばと、類的生活、類的存在ということばはほとんど同じ意味で使われています。「類的」ということばが初期に頻出するのは、フォイエルバッハにたいする批判が大切だと考えられたことと関係します。類的生活、類的存在ということばは、フォイエルバッハにとっての基本的な用語で、マルクスは、フォイエルバッハの思想の大切なところを取りこみつつ、批判しようとしていたのです。その後、類的生活や類的存在ということばを使わなくなったのは、それを使うとフォイエルバッハに傾きすぎるのを警戒するところがあったと思います。しかし、類としての人間のありかたは問題としてずっと残っている。その点では、用語上の問題と、マルクスの思想それ自体の問題とは、一往切り離して考えたほうがいいと思います。

さて、その類的存在や類的生活と結びつく、マルクスにおける社会性の問題です。

フォイエルバッハは宗教の本質を人間の本質へと分解する。しかし、人間の本質は個々の個人に内在する抽象体ではない。人間の本質とは現実には社会的関係の総体である。
……
フォイエルバッハは、「宗教的心情」が社会的産物であること、かれの分析する抽象的個人が、一定の社会的形式に属すること、そのことが分かっていない。

（『フォイエルバッハにかんするテーゼ』）

これは、フォイエルバッハにたいする根本的な批判です。次の『ドイツ・イデオロギー』の冒頭では、似たようなことが、ちがう仕方で言われている。

意識や宗教などをもとに人間を動物から区別することは、できなくはない。が、人間がみずからを動物から区別し始めるのは、生活手段を生産するという、身体組織に条件づけられた行動へと一歩を踏み出したときだ。人間は生活手段を生産するなかで、間接的に、自分の物質的生活を生産している。

……生産の仕方を、個人の肉体的存在の再生産という側面から観察するだけでは不十分だ。それは、すでにして、一定の活動形式であり、一定の生命発現の形式であり、個人の一定の生きかたなのだ。……個人の存在はその生産活動——個人がなにを、いかに生産するか——と切り離せない。個人のありようは、その生産活動の物質的条件によって決まってくる。

ここに出てくる「生命発現の形式」や「個人の一定の生きかた」などは、『経済学・哲学草稿』によく似た言いかたがあって、それを受けた考えかたです。社会性についてはあまり強く打ち出されてはいませんが、同じ『ドイツ・イデオロギー』の以下の箇所では、ここを受ける形で逆に社会性が強調されています。

生きるためになによりも必要なのは、食べる、飲む、住む、着る、といったことだ。だから、人間の第一の歴史的行為は、こうした欲求を満たす手段を産み出すこと、つまり、物質的生活の生産である。……

第二の行為として、最初の欲求を満たす充足の行為と、すでに獲得された充足のための道具が、新たな欲求を産み出すということがある。……

そもそもの初めから歴史の発展のうちに入りこんでいる第三の事柄として、自分たちの生活を日々新たに作り出す人間が、他の人間を作り出し、繁殖していくということがある。それが、男と女との、両親と子どもとの関係であり、家族というものだ。……

生活（生命）の生産という活動は、労働という形での自分の生活の生産も、生殖という形での他人の生命の生産も、すでにして二重の関係として――自然的な関係、および、社会的な関係として――あらわれる。

言葉について一つ確認しておきたいのが、「物質的生活の生産」です。われわれが、なにかを生産するとき、目の前に素材があり、それをいろいろに作りかえて、新しいものに、人間の都合のいいもの、人間の役に立つものにする。それが、もっとも分かりやすい生産の例ですが、そのように作るということは、それはどう考えても目の前のものを変形させるというだけでは済まない。その目の前にある素材そのものが、どこからか買ってきたものであったり、だれかからもらったものであったりする。あるいはだれかがここまで作ってくれたものを、そのあとを継いで作りつづけるということもある。自分がいきなり自然のなかに入っていって、なにかを始めるということはまずない。

つまり、目の前にあるものが、すでにして長い他人の労働の結果としてそこに置かれている。少し複雑な構造となりたちをもつものを考えれば、それが出来上がるには、どれだけの科学的な知見と高度な技術とが必要か、さらにそれらを具体的なものに反映させるために、どれだけの時間と力量が必要かは、考えればすぐに分かることです。そのように作り上げる作業と、その背後にあるさまざまな関係の全体を、マルクスは「物質的生活の生産」という。一つ一つの生産の場面に注目すれば、間違いなく目の前に出発点になるもの――素材――があって、それを加工してなにかを作る。これが分かりやすい生産の方式です。しかし、作り上げようとするものが目の前にあらわれるまでの長い歴史は、これをたえず視野のなかに入れていなければ、生産についてきちんと考えることはできない。その点は、感覚について考える場合とはちがう。ものが作られていく過程は、人類の長い歴史のなかにあるわけで、いま、われわれがこの世界でものを作り、それによって物質的な生活をおこなっているとき、そこには一定の社会性・歴史性にもとづく生産がなりたっていることになります。

人間の活動を具体的に考えてみれば、たとえばわたしが書斎でなにかを書いているといった観念臭の濃い活動にしても、さまざまな仕方で書斎の外とつながり、外に広がっている。原稿用紙や万年筆はどこで手に入れたか、資料はどこで調達したかとなれば、さまざまな人の手と活動を経ていないものはない。一つの行為がなりたつとき、そこには過去の厖大な社会的活動が背景として蓄積されているわけで、その意味での社会性は、マルクスにとって見落とすことのできないものです。マルクスにしてみれば、人間社会がそれによって大きな広がりをもち、前へと進んでもいくので、それこそが、人間のしあわせや人生の充実のもっとも基本的な要素です。

人間の社会性を集中的に表現するものとして、『フォイエルバッハにかんするテーゼ』の「人間の本質とは現実には社会的関係の総体である」という文言に触れておきます。原文では、「総体」にわざわざフランス語の ensemble（アンサンブル）という語が当てられています。それをどう理解すればいいのか。

日本の社会構造にあっては、個人が自立して主体的に活動するのを許さないような社会からの圧力が、ヨーロッパに比べてかなり強い。ヨーロッパの近代においては、個人の自由や自立は原理的に確固とした位置を占めているが、日本の場合はそうなってはいない。世間体とかまわりの評判を気にして行動を自己規制するとか、昨今の子どもたちのあいだによく見られるいじめとか、いずれもそのこととからむ問題です。そのように個人の自由と自立が確立していない社会風土で、人間の本質が「社会的関係の総体だ」とする文言に接すると、個人を社会に埋没させるような全体主義的な理解に道を開く恐れがないとはいえない。しかし、観念的にもせよ個人が社会の単位として明確に認知された場面で、個人を包む社会と個人との関係を見ていくのがマルクスの考えであって、「社会的関係の総体」ということばについても、表面的な意味とは逆に、むしろ個人の存在感の大きさをそこに読みとらねばならないと思います。

ヘーゲルもまた、国家主義者といわれたり、全体主義的な要素をもつ思想家と批判されたりしますが、実際は個人の主体性や自由を原理とする哲学者です。そこは読みちがえてはいけないと思います。

ことばと意識

個人の存在や、一人一人の自由な動きというものをしっかり見すえていないとうまく理解できないものとして、同じく『ドイツ・イデオロギー』の次の一節があります。現実の生活を、物質的な生活の生産とはややずれたところで問題にしている文章です。マルクスの目配りがこういうところにも行きとどいているという一つの例でもあります。

ことばは意識と同じように古い。ことばとは実践的な意識であって、他の人びとにたいして実在し、だからこそわたし自身にたいしても実在する現実的な意識である。ことばは、意識と同じく、他の人びととの交流の欲求ないし必要から初めて生じてくる。なんらかの関係が実在するとき、わたしは関係の実在を自覚している。動物はなにものとも「関係」しないし、そもそも関係ということがない。動物にとっては、他のものとの関係が関係として実在しない。

ここでは、ことばと意識をマルクスは問題にしています。ことばは他の人との交流の欲求を基盤として初めて生じてくる。その意味で、わざわざ関係という語に括弧をつけて強調しています。関係は実在するのですが、重層性をもって実在します。関係と、関係の実在を自覚する意識(ないしことば)との重層性です。物質的な生活が現実的に自然と人間の素材交換から立ち上がってくることに変わりはないけれども、ここでは人間が互いに協力しながら自然に働きかけるということとは、少しちがうことがいわれている。

ことばや意識は、われわれが人と向き合って交流しているときに、現実に存在するものです。動物にも関係があるといえばある。猫同士が互いにじゃれたり、威嚇し合ったりしているとき、それはコミュニケーションの一種だと思える。ただ、人間がだれかと関係する、だれかと話をしているときは、話をしている自分が、そこに自他の関係がなりたっていることを自覚している。話をしている現場でも、そのあとでも、いったいなにを話している(いた)のだろう、この関係はどうなの(だったの)だろうと反省するときには、自分自身と相手との関係そのものが対象となっている。それが可能なのは、相手と関係するだけでなく、この関係を見ている自分が、もう一つあるからです。今日はうまくいったな、とか、いかなかったな、とか考えるのは、このもう一つの自分の反省的な意識の働きです。

マルクスが言っているのは、動物の場合、相手と向き合うむきだしの関係しかないということです。動物にとっても相手は見えていて、怖ければ逃げ出すし、親愛や愛情を感じれば近づくということがある。その意味では相手との関係が動物の場合にもなりたっているが、自分と相手とのこの関係を、一歩引いたところで反省的に見るという意識はない。反省の構造が、動物にはない。そして、動物が反省の位置に立たないということが、動物にとって関係が存在しないということです。

人間にとって、むろん相手は存在します。しかし、自分と相手とが関係するだけでは、関係性が関係性として見えてくるということはない。人間は話している最中にも、「こんなことといったら失礼かな」と思ったりします。「今日はちょっといいすぎた、まずかったなあ」と思うときは、同時にこの関係を反省するもう一つの位置に立っています。そのときには、相手と向き合ってここに自分がいるし、もう一つ、向き合う関係からずれたところにも自分がいる。そういう重層的な構造になっています。この構造が、マルクスの場合、意識やことばを考えていく上できわめて重要なものになる。ことばを話すというのは、相手に向かって話すことです。世の中には、ぶつぶつ一人でしゃべっている人もいて、それはそれで観察に値するのですが、普通は相手に向かって話す。が、相手に向かって話していながら、「あ、自分はこんなことを思っていたんだ」と、その話を自分でもちょっと驚きながら聞いていたりする。相手に向かって話していながら、その相手に向かって話していることが、同時に跳ね返って自分にも聞こえてくるという構造があるのです。相手に向かって発信していることが、同時に自分のなかでその発信を自覚することだということです。動物にはその自覚がない。犬が威嚇的に相手に向かって吠えているとき、「おれ、いま怒っているぞ」と思ってはいないでしょう。それが、関係が存在しないということです。

『ドイツ・イデオロギー』には、ことばと意識の構造を問題とする考察があちこちに見られます。それが、『経済学批判のために』や『資本論』となると、注の形で言及される程度で、正面切って論じられることはなくなります。残念な気もしますが、商品や貨幣や資本を主題とする研究ではそれもやむをえない。『ドイツ・イデオロギー』では、若い頃からの哲学的な関心が持続しているがゆえに、ことばや意識の問題に正面から向かうことができた。そして、それを論じる場合にも、現実の人間の社会的な生きかたから問題を考えることができた。おかげで、表現は難解なところもあるが、よく読めば、論はじつにゆたかな実質を具えています。さきほど『ドイツ・イデオロギー』から引用した文章は、人間は社会的な存在であるというマルクスの規定の仕方が、ことばと意識のとらえかたのなかに見事に生きている例だといえます。

関係の構造

マルクスが、社会全体を構造化してとらえようとするとき、土台と上部構造という表現が出てきます。かつてマルクス主義が盛んであったころには、土台と上部構造という言いかたより、下部構造と上部構造と言われることが多かった。しかしマルクスは、下部構造という語はあまり使っていない。どこかにはあるのかもしれませんが、だいたいは土台と上部構造と言っている。それが社会を構造化してとらえるときの、マルクスのもっとも基本的な図式です。

これはきわめて大きな問題をはらんだ図式であるにはちがいないのですが、どういう文脈で、どんな形で出される図式なのか。まずは『ドイツ・イデオロギー』から、この図式がはっきりした形を取ってあらわれた箇所を引用します。

出発点に位置するのは、現実に活動する人間だ。……人間の脳髄に浮かぶぼんやりしたイメージも、物質的な、経験的に確かめられる、物質的前提に結びついた、人間の生活過程の必然的な昇華物だ。とすれば、道徳、宗教、形而上学、その他のイデオロギーと、それらに対応する意識の形態は、それらだけで自立しているという外見をもはや保てはしない。イデオロギーや意識形態は歴史をもたず、発展することもない。物質的生産と物質的交流を発展させる人間が、現実を変えるとともに、みずからの思考や思考の産物を変えていくのだ。意識が生活を決定するのではなく、生活が意識を決定する。

最後の一文は、かつてマルクス主義のテーゼのようにしてよく引用されたものです。もう一つ、土台と上部構造の関係を歴史の把握の仕方に即して述べた文章を、同じく『ドイツ・イデオロギー』から引用しておきます。

歴史の把握とは、現実の生産過程を、日常生活の物質的な生産活動から出発して論理的に展開し、この生産様式と結びつきつつそこから生み出される交流の形態を——つまり、さまざまな段階にある市民社会を——、歴史全体の基礎としてとらえることだ。さらに、市民社会の国家としての活動を表現すること、また、さまざまな理論的産物や意識の形態——宗教、哲学、道徳、等々——の全体を市民社会から説明することだ。

次は『経済学批判のために』の序文からの引用です。

ヘーゲルの法哲学の再検討を通じて到達した結論は、法的関係や国家形態が、それ自体から理解できるものでも、いわゆる人間精神の一般的発展から理解できるものでもなく、むしろ、「市民社会」の名で包括される物質的生活のありさまのうちにそれが根を下ろしていること、そして、市民社会を解剖するには経済学に赴かねばならないことだった。経済学の研究をわたしはパリで始め、ブリュッセルで継続した。……そこで明らかになった一般的結論はひとたび手にしたとなるとのちの研究の導きの糸として役に立ったのだが、それは次のように定式化することができる。人間は自分たちの生活を生産する社会的活動において、自分たちの意志から独立した、一定の必然的な関係のうちに――物質的な生産力の一定の発展段階に対応する一定の生産関係のうちに――入りこむ。この生産関係の総体が社会の経済的構造をなし、現実の土台をなすのであって、その土台の上に法的・政治的な上部構造が作り上げられ、それに見合う一定の社会的意識形態があらわれる。人間の意識が人間の存在を決定するのではなく、人間の社会的存在が人間の意識を決定する。

最後の文章は、「意識が生活を決定するのではなく、生活が意識を決定する」という『ドイツ・イデオロギー』の一節とそっくりです。マルクスはそういう形で社会が構造化されるといいたいだけではない。自分自身の研究の方向と意義とを、ここで確認してもいる。マルクス自身が学問的な研究を続けていこうとして、自分の知的営みと社会とがもっとも鋭く切り結ぶ場所はどこなのかと考え、経済学の領域こそがそれであると結論を出す。社会的な実践という観点からして、人びとの活動している労働の現場にしっかりと根を下ろし、そこを離れることなく自分の研究を続けていくのだと確認している。このところを明確にし、自分自身で納得するために、なぜ経済研究が自分にとって重要な問題なのか、という問いを立て、人間の物質的な生産活動こそが社会のもっとも根本的な土台だからだと答える。そのように話が展開していくわけです。

むろん、そこから改めて社会変革という課題が出てくるのですが、たんにそれだけではありません。いままで広い視野のもとに哲学的な思考を重ねてきたマルクスですが、思考の焦点をどこかに絞って、そこに強い光を当てようとする。そのとき、土台と、そこから上にそびえる意識の形態やイデオロギーを構造化してとらえる視点が生まれる。そして、いまもてる自分の力をすべて注ぎこむべき核として、社会の土台のありかた、物質的な生活の生産のありかたをつかまえるという課題が浮上してくる。かくて、土台の経済学的な分析こそ自分にとって最重要の課題であり使命だと、マルクスがみずから歩む道を限定していくことになる。

こうしてマルクスは経済研究へと邁進します。といって、宗教を研究するとか、哲学を研究する、意識の形態を構造化する、言語の問題を探究する、といったことを、人間にとって本質的な問題ではないと考えたかといえば、そんなことはない。それらはそれらで本質的な問題だが、自分はそれらの土台をなす経済の研究に力を注ぐ。それがマルクスの選択であり、決断だったのです。

そのように立場を決めたところで、改めて、では労働とはいったいなにか、人間的な生きかたとはなにかをマルクスは問題にしていくことになります。

土台と上部構造

『ドイツ・イデオロギー』の、「意識が生活を決定するのではなく、生活が意識を決定する」や、『経済学批判のために』の、「人間の意識が人間の存在を決定するのではなく、人間の社会的存在が人間の意識を決定する」という文言は、われわれの常識的な観念や人間観とあまり激しくぶつかる考えかたではないのですが、大きくヨーロッパの精神史・思想史をながめわたすと、それとは激しく衝突するものだと思います。とりわけ、ヘーゲルの哲学とは激しくぶつかります。

ヘーゲルの『精神現象学』は、もっとも基礎的な、素朴な感覚から出発します。まさにいま現在、自分がどこに生きていて、どんな感覚をもって生きているかから出発する。そこからしだいに意識が高まっていって、最終的には絶対的な知というところにたどりつき、それが学問に接続する。そのようにして人間は、世界大のさまざまな出来事を視野におさめ、その論理構造をきちんと把握できるようになるとヘーゲルは考える。そうなって初めて、本当に人間らしい生活ができるのだと考える。それが理性主義の名で呼ばれるものです。

人間にはそれだけの力が具わっている。少し強くいえば、神のもつような知を、人類は総体としてはもつことができるのだとヘーゲルは考えます。個々の人間は、もちろんさまざまに限定された存在だし、生涯にしてもせいぜい七、八十年ですから神の知に至るのは難しい。しかし、人類全体としては世界のすみずみにとどく知識と認識を獲得できると考える。そして、その考えにもとづいて自分たちの生活を組み立てていく、というようにして、完成した人間の生存が確保されることになる。

マルクスはそれにたいして、意識というものが最終的に完成の域に達するような構造にはなっていない、という。そうではなく、自分たちがまさに生きつつあるその出発点に——その現実に——深くはまっているのが生活と意識のありさまではないか、と。もちろん、環境にはまってしまってそれ以上に出られない、というのは動物的な生活で、人間の生はそういうものではない。たとえば、日本のここに住みながら、他の地方や他の国にたいする関心ももてるし、世界の状況にたいする理解も不可能ではない。ただし、人間のもっとも基本的な意識のありようは、現実生活というものに拘束されていて、そこを土台に出来上がっていくもので、そのことを自覚することが必要だというわけです。ですから、人間を徹底して理性的な存在だと考えることはできない。強い意味での理性主義や合理主義といったものにたいする、これは異議申し立てだと思います。人間は、あらゆる観点から、すべての状況を見とおせるといったものではない。強い意味での理近代的な理性主義ないし合理主義にたいする異議申し立ては、マルクスとはちがった観点からですが、二〇世紀において、いろいろな形で登場してきます。たとえば精神分析を創始したフロイトがその一人です。無意識を重視するフロイトの考えは、構造的には、生活が意識を決定すると考えたマルクスによく似ています。

フロイトも、人間がどんどん理性化されていき、欲望や、そのときどきの気分や、感情からぬけ出して、冷静で客観的な観察ができるようになる、という考えかたに同調しない。理性的な存在になること、あるいは人間世界がしだいに文明化されていくことが歴史の方向性だとする近代の合理主義思想にたいして、いや、人間はそんなものではないと考える。根本のところでは、むしろ、無意識の欲望や衝動が強く人間を支配していて、人間の理性といわれるものは、それらをなんとかして抑え、社会的にうまく適応して生きていくための道具にすぎない。そういうふうにものの見かたを逆転させます。

もっとのちに構造主義が出てきますが、これについても同じことがいえる。構造主義は、レヴィ＝ストロースによる未開社会の構造の発見を契機に欧米の知的世界に大きく広がります。未開社会とは、われわれの文明社会に比べれば、素朴で粗野な状態だと考えられがちだけれども、そこにはきちんとした構造がある。しかし、その構造は、そこに住んでいる人たちにそれとして自覚されてはいない。レヴィ＝ストロースのような外から入っていった人間のほうに、かえってよく見える。けれども、そこに住む人たちは、その構造に則ってさまざまなことをしていて、一見野蛮に見える、ものの贈答や婚姻の習俗にも構造が支配している、とレヴィ＝ストロースは言うのです。

構造の支配といわれるとき、理性の支配というのとは、やはりどこかちがう。理性は主体的・自覚的だが構造は客体的だといえばいいのでしょうか。マルクスの「存在が意識を決定する」というテーゼも、それを社会全体の構造と結びつけて考えれば、「存在」という客体的なものが主体的な意識を決定するというように理解できる。土台としてある客体的なものを重視する考えといえるのではないでしょうか。そして、そういう客体的な土台を据えることによって意識や宗教や芸術や思想などが、かえって確固たるリアリティをもってとらえられる面がたしかにあると思います。

ただ、その一方、これが図式として固定されすぎると、上部構造的なものを、すべてその土台から解釈しなければならないといったように、非常に窮屈な、あるいは短絡的な方向に話が行く危険性もなくはない。マルクスにしてみれば、土台のありかたに自分の研究の焦点をはっきりと合わせ、上部構造については、さしあたりはのちの問題として残しておくということなのですが。

社会変革のほうへ

マルクスが、自分の課題を限定するために土台の重要性をいう、という文脈で考えるとき、そこにはもう一つ社会変革の問題が間違いなくある。この問題はずっと前からマルクスのうちにあったものです。

それに関連する宣言ふうの文言が『フォイエルバッハにかんするテーゼ』の次の文章です。

哲学者は世界をさまざまに解釈してきただけだ。大切なのは、世界を変革することだ。

これも多くの人が引用する有名な言葉です。それからもう一つ。これは『共産党宣言』からの引用ですが、社会変革の緊急な重要性をいうものです。

これまでのすべての社会の歴史は、階級闘争の歴史である。

自由人と奴隷、貴族と平民、領主と農奴、ギルドの親方と職人、要するに抑圧者と被抑圧者とが、互いにつねに対立し、途切れることのない闘争を陰に陽に続けてきた。闘争は、いかなる場合も、全社会の革命的な変革か、闘う二つの階級の共倒れかによって終わった。

社会変革の課題を、ここでマルクスは、自分個人の問題として立てるというより、労働者階級、プロレタリアートにたいする呼びかけとして立てる。政治的な宣言ですから、当然、呼びかけという性格をもたざるをえない。とはいっても、多くの人に呼びかける社会的な広がりをもった文言が、同時に、マルクス個人の思想の表明にもなっています。

社会変革の問題は、一つにはマルクス自身が、その方向に自分の行動と思想を主体的に向けようとした選択だという面がある。もう一方では、マルクスは、それは時代が要請しているのだと考えていた。つまり、時代のなかで生きようとしたときに、もっとも意味のある、充実した生きかたのできる場所はどこか、と、主体的かつ実践的に考えたということです。それは特別のことでもなんでもない。マルクスが選んだ社会的実践の道は、一国をも超えるような社会的広がりをもちますから、当人の社会との結びつきは一目瞭然ですが、そんな大きな話でなく、小さな世界で普通の人が自分の歩む道を選択する場合でも、社会からの呼びかけを自分が受けとめることによって自分の生活を組み立てるということは当然のごとくに起こっている。たとえば、ごく身近なところで、若者が就職先を決めるときでもそうで、社会との関係をまったく考えずに決めるということは、基本的にはありえない。同様にマルクスは、ここではっきりと社会的な選択をしている。マルクスの場合には、学問的な、あるいは思想的な裏づけをもって語りますから、そのことがはっきり見えてくる。

哲学と現実とをどのように結びつけるかという問題は、マルクスがヘーゲル批判を始めたときからずっと抱えこんでいる問題であり、フォイエルバッハ批判にもつながるものです。マルクスのことばでいえば、プロレタリアートと哲学がいかにして結びつくのか、あるいは批判の武器と武器の批判がどう結びつくのか、さらにのちによく使われる言いかたでは、理論と実践がどのように結びつくのか、という問題として浮かび上がってくるものです。

それとのつながりでいうと、『共産党宣言』の、「これまでのすべての社会の歴史は、階級闘争の歴史である」というテーゼは、一つの歴史認識としてマルクスが真正面から打ち出してくるものですが、社会変革という実践的課題に身を寄せすぎた、やや限定された歴史認識の表明になっているのではないか。わたしはそう思います。それ以前のマルクスの歴史観との比較で、そこのところを考えてみたい。

歴史をいかにとらえるかという問題は、『ドイツ・イデオロギー』にもさまざまな形で出てきます。その一つが、すでに引用した、「歴史の把握とは、現実の生産過程を、日常生活の物質的な生産活動から出発して論理的に展開し、この生産様式と結びつきつつそこから生み出される交流の形態を——つまり、さまざまな段階にある市民社会を——、歴史全体の基礎としてとらえることだ」という箇所です。つまり、生産過程を基礎とする人と人とのつながりが、いいかえれば市民社会が、歴史全体の基礎だ、というのです。『ドイツ・イデオロギー』には、ほかにも歴史とはなにかにかかわることばがありますが、どれをとっても、人間の社会の歴史は階級闘争の歴史だ、とはいわれていない。

たとえば、すでに引用したところですが（一七二ページ）、『ドイツ・イデオロギー』では、食べる、飲む、住む、着るといったことが、人間にとってもっとも基本的な物質的生活だとされ、これが第一の歴史的行為だとされている。そしてさらに、子孫を残すこと、つまり子どもを作るという行為もまた、歴史的な行為と考えられている。「他の人間を作り出し、繁殖していくこと」が、一人一人の人間が歴史に参与することなのだ、と。

また、『ドイツ・イデオロギー』の、ことばと意識を問題にする箇所では、「ことばは、意識と同じく、他の人びととの交流の欲求ないし必要から初めて生じてくる」といわれ、わたし自身にたいしても、他の人びとにたいしても「実在する現実的な意識」としてのことばは、さまざまな人びとの交流を基盤としてなりたつとされる。そして、それによって生まれる関係が、人間の歴史を作る、と。

これらを踏まえて、現実の生産過程から生み出される人びとの交流の形態を、「歴史全体の基礎」ととらえること、それが「歴史の把握」であるという、さきほど引いたことばが出てくる。それは、さらに大きなスケールで歴史をとらえるものだといえます。社会を、土台と上部構造との関係のもとでとらえるとき、土台の動きのほうが基本的であって、その上に乗って上部構造が、土台との関係を基礎としていろいろに動いていく。その動きの総体が歴史であるというわけです。人間の物質的な生活や生殖が歴史的行為だ、とか、ことばと意識の交流が歴史をなりたたせる、といった形でとらえられた歴史に比べて、さらに規模の大きい歴史のとらえかたであるのが分かります。

これらの歴史把握をめぐる思考の展開を考えますと、二つの主要な階級があり、そのあいだの階級闘争が、「これまでのすべての社会の歴史」であるという『共産党宣言』の文言は、いかにも狭く限定された歴史像だと思えます。マルクス主義の政治運動においては、この『共産党宣言』の一節が強く主張されてきた。社会変革という政治課題を掲げるわけですから、それは当然だともいえる。しかし、これまでの人間の歴史がつねに社会変革のためにあったというのは、長い人間の歴史を考える上ではやはり限定のしすぎであると思う。

人間にとって自然な物質的生活や、ことばと意識のレベルなど、視野を広く取ってさまざまな形で歴史について考えてきたマルクスが、最終的に社会変革の実践へと自分の活動を方向づけるとともに、その観点から歴史の問題の焦点を絞っていったのだ、ということはよく分かります。しかし同時に、その背後にある歴史、階級闘争の歴史からはこぼれ落ちる個別の場面での歴史のありかたはどうなるのか。わたしたちはその問題を考えないわけにはいかない。『共産党宣言』における階級闘争の歴史ではすくいあげられない歴史、ごく普通の人たちが当たり前に苦しみながら生きているといった、階級闘争へと吸い上げられていっても、そこで結着がつくとはとうてい思えない広く深い歴史を、もう一方で想定せざるをえない。これまで章を追って考えてきましたように、マルクスの人間観や自然観を丁寧にたどれば、その流れと展開からして、マルクス自身が歴史を階級闘争の理論だけでは汲みつくしえない広くまた深いものとして考えていたことは間違いないからです。

階級闘争という政治課題を焦点として歴史を限定してとらえることと、もう少し広い視野のもとに歴史を考えるということとのいずれの側に立つのかは、実はかつてわたし自身にとって悩ましい問題でした。序章でも触れました、一九五〇年代後半から六〇年代の政治の季節におけるマルクス主義は、社会変革という課題が強くおもてに出ていましたから、階級闘争としての歴史を疑問視することが難しかった。社会変革の視点を外れると、「反動的な歴史のねじ曲げだ」と詰められ、それはちがうと思いながら簡単には反論しにくいところがあった。ですから、当時のわたしは階級闘争の歴史という歴史像がもっている焦点の当てかたの鮮やかさには感服しながら、もっと幅の広い歴史の場というものを、他方で想定していたように思います。

社会変革に向かおうとする主体的な選択は、マルクス自身の思想的な必然性から来るものであるのはいうまでもありませんが、他方でそれは時代の要請でもあったと考えられます。深刻化していく現実の疎外というものがある。マルクスにとって、疎外の中心は労働の疎外ですが、その時代を現実に生きながら、どうにかして疎外を克服しなければならないと考える。目の前の現実が突きつけてくるものは、青年マルクスの感情をさまざまに揺さぶったはずです。揺さぶられて、思想的にも行動的にも、変革の一翼を担おうと決断する。そういう面もあったと思います。

時代の流れからして、現実の疎外が大きな問題として見えてくる。知的・思想的な営みのなかで、疎外克服の方法の追求こそが、思想的に大きな意味があるとの確信が生まれる。その二つを統合するようにして、マルクスは社会変革の道へと進むことになる。こうした構図からすれば、マルクスは、時代の要求に応えるようにして根本的な問題にかかわるのだ、と考えたにちがいないと思われます。

『共産党宣言』から、時代の要求のもっている大きさを語る言葉を引用します。

共産主義者の理論的命題が、あれこれの世界改良家の発明し発見した理念や原理に依拠することはまったくない。

目の前に進行する歴史的運動としての現実の階級闘争、そのありのままのすがたを一般的に表現したものこそが、共産主義者の理論的命題だ。……

現代の階級対立は一方が他方を搾取するという形を取るのだが、そんなふうに生産物が産み出され獲得されるありさまを、現代のブルジョア的な私有財産は、最終的に、もっとも完全に表現するものだ。

その意味で、共産主義の理論は「私有財産の廃棄」ということばに要約できる。

実践の指針を、自分たちが現実のなかからつかみとったというよりは、むしろ現実のさまざまな動きのなかから、動きに促されてそれらは浮かび上がってくるものだ、と言いたげです。階級対立や搾取の事実が現実そのものから自分たちに突きつけられ、それに促されるようにして自分たちは新しい運動に入りこんでいくのだ、という思いがここには強く感じられます。

終章　労働概念の変容

使用価値と交換価値

ここまで来て振り返れば、若きマルクスが哲学的に思索していた、自然や感覚、人間の社会性や類的存在という主題、また、それらを考えるなかで重要なものとして提示してきたいろいろな概念が、のちには変更されたり、おもてに出なくなったりするさまが見てとれます。なかで、労働という概念は、間違いなく経済学的なカテゴリーとしても十分に生きる概念ですが、しかし、その概念までも、『経済学批判のために』や『資本論』においては変わってこざるをえない。その労働概念の変容を通して、マルクスが最終的にはどのように社会全体をとらえていたかがうかがえるように思います。まず、『経済学批判のために』から。

使用価値を生み出す労働についていえば、その労働が素材的富の唯一の源泉だというのは間違っている。この労働は素材をあれこれの目的に役立つように加工する活動なのだから、素材があらかじめあたえられていなければならないのだ。……自然物をなんらかの形に加工するという合目的活動としての労働は、人間の生存のための自然条件であり、あらゆる社会形態から独立した、人間と自然とのあいだの素材交換のための条件である。これにたいして、交換価値を生み出す労働は、特別な社会形態のもとでの労働である。たとえば仕立て仕事は、一定の素材を相手とする特殊な生産活動として上着を生産はするが、上着の交換価値は生産しない。交換価値を生産するのは仕立て仕事という労働ではなく、抽象的・一般的労働としての労働であって、その労働は、仕立てとは別個の社会的なつながりに属している。だから、古代の家内工業において、女たちは、上着の交換価値を生産することなく上着を生産した。素材的富の源泉たる労働については、立法者モーセも税関吏アダム・スミスに劣らずよく知っていた。

使用価値を生み出す労働が、長い長い過去の歴史につながっているのにたいして、交換価値を生産する労働は、資本主義社会という特殊な社会のなかで初めてあらわれてくるといわれています。

『資本論』の次の箇所でも、価値と使用価値が問題になっています。

上着と布の価値を問題にするとき、使用価値のちがいは捨象されるが、同様に、この価値のうちに表現された労働を問題にするとき、仕立て仕事と機織り仕事という有益な形態のちがいは捨象される。上着と布の使用価値が、布地や糸と、合目的生産活動との結合によって作り出されるのとちがって、上着と布の価値は、似たような労働が凝固したものにすぎず、そこにふくまれる労働も、布地や糸と生産活動が結びついたものではなく、人間の労働力が支出されたというだけのものだ。上着と布の使用価値を形成する要素としては、質のちがう仕立て仕事と機織り仕事を挙げることができるが、上着の価値と布の価値の実体をなすのは、特殊な質を捨象されて二つながら同じ質——人間の労働という質——をもつかぎりでの仕立て仕事であり、機織り仕事なのだ。

……

したがって、使用価値にかんしては、商品にふくまれる労働が質としてしか意味をもたないが、価値の大きさにかんしては、労働が量的な意味しかもたない。労働が人間の労働という以外の質をもたないものに切りつめられているのだから。使用価値の場合には、労働の方法と内容が問題となるが、価値の場合にはその量が——継続時間が——問題となる。一つの商品の価値の大きさは、そこにふくまれる労働の量しか表現しないから、商品と商品の量比が一定なら、その二つはつねに同じ大きさの価値をもたねばならない。

……

すべての労働は、一方では、生理学的な意味での人間の労働力の支出である。同じ人間労働、ないし抽象的な人間労働という性質をもつこの労働が、商品価値を作り出す。他方、すべての労働は、目的にかなう特別な形態での人間の労働力の支出であって、具体的な、有益な労働という性質をもつこの労働が、使用価値を作り出す。

どの文章も抽象的です。経済学あるいは経済学批判を舞台として、マルクスがもっとも論理的・合理的に思うところを表現すると、こういう文体になるのかもしれません。『経済学・哲学草稿』の「疎外された労働」における若書きの文体とのちがいは、これが同一人の文章かとふしぎな感じすらしますが、論理的に整理しようとするとこういうことになるのでしょうか。

まず、『経済学批判のために』では交換価値を生む労働と、使用価値を生む労働とが対比されていますが、『資本論』の引用箇所では、交換価値とはいわずに、たんに価値といっています。そういうちがいがあることを踏まえて、ここでは主として使用価値を生む労働と交換価値(または価値)を生む労働のちがいを見ていきます。

まず、使用価値を生む労働ですが、これは、『経済学・哲学草稿』では、加工労働とか合目的活動ということばで何度も出てきていました。別のことばでいえば、自然を人間化する労働であり、人間を自然化する労働です。さらに、素材的富ということばも、使用価値を生む労働にかかわって使われていました。もう一つ、『資本論』では、「質としての労働」ともいわれている。「具体的な、有益な労働」という言いかたもある。

それにたいして、価値を生む労働のほうは、抽象的・一般的な労働であり、つねに量として測られる労働だといわれている。継続時間によって、何時間働いたかによって測られるものである、と。それからもう一つ、生理学的な意味での労働という言いかたもある。「労働の二重性」という節の最後の段落に、「生理学的な意味での人間の労働力の支出」ということばがある。

質としての労働と抽象的・一般的な人間労働という対比は、『資本論』のなかでくりかえしあらわれます。二つの価値にもとづいて、二つの労働が区別される。マルクスは、商品を生産する近代社会においては、二つの価値が社会そのものから浮かび上がってきて、それを分析すれば、労働の二重性をとらえることができるといいたかった。

ここで大切なのは、社会そのものが、加工労働ないし合目的活動としての労働と、抽象的・一般的な労働とを、一つの労働の二面として生み出すということです。実際には二つの労働が別々にあるわけではない。ここは難しいのですが、働いている人が実際におこなっているのは、一つの労働行為でしかない。工場に働きにいって、そこでなにかを作るという場合、パン工場で働く人の労働はパンを作るという一つの労働です。使用価値を生む労働と、価値を生む労働とが二つ別々にあって、あなたはあちらの労働をやってください、わたしはこちらの労働をやります、という話ではない。

しかし、現場での労働を経済学的に分析すると、価値と労働の二面性があらわれてこざるをえない。二つの価値と労働が資本主義的な商品生産においてはつねに対《つい》をなしてあらわれてくる。『経済学・哲学草稿』の「疎外された労働」や「私有財産と共産主義」において、マルクスが人間と自然と社会を肯定的な三位一体としてとらえていたときは、使用価値を生む、具体的で目的にかなった労働が、人間的に意味のある本来の労働としてしっかり見すえられていた。

が、マルクスが経済学の領域に入って商品生産のありさまを分析するとき、疎外されない人間と自然との交換や、そこから生まれる素材的富などはそれとして主題化されることがない。人間の本質にかなう本来の労働は捨てさられたわけではないが、その人間性や社会性が論じられることはない。人間が本来的に、ゆたかに働いている場面が経済学的な分析の対象になることはない。反対に、価値を生む労働こそが――『経済学・哲学草稿』においてまさしく疎外された労働と見なされた労働こそが――経済的な構造分析の中心主題とされる。

「生理学的な意味での人間の労働力の支出」ということばが象徴的です。生理学的とは、要するに人間が体を動かして労働するという、そのことだけに焦点を絞って表現されたことばです。つまり、生理学的な意味での労働とは、頭脳的ではないし、自発的でもないということ。ただ体を動かしていることがそれだけで意味をもつ労働だということです。それが価値を生むのだ、と。

もしかりに、働く人の内面に入ってみるとすれば、今日は調子がいいぞ、よし、一所懸命働くぞ、と思っていたり、なにもしたくはないけれど命令だから仕方なくやるか、と思っていたり、日によって時間によって思いはさまざまでしょう。しかし、一定の時間働いてそこに出てきたものが同じ商品であれば、内面の思いなどは問題にならない。「価値を生む」という意味を極端化すれば、嫌々であろうと、好き好んでであろうと、体を動かすことだけで測られる労働、それが価値を生むのだということになります。

疎外の克服

「価値を生む」ということばも、経済学では交換価値を中心に考えられます。使用価値も価値であって、経済的な価値の基礎になってはいるのですが、商品の価値が何百円とか何千円とかと設定されるときには、使用価値はそこに直接には介入しない。交換価値が価値を生むということは、疎外されてその人間的な意味を失った労働のほうが、むしろ金銭的な豊かさを産み、資本を増殖させる力をもつことになる。人間的な意味をもつ労働が無意味になったわけではないが、資本主義社会はそれを価値として正当に評価する構造になっていないということです。『経済学・哲学草稿』における疎外された労働と本来の労働との対比に引き寄せていうと、資本主義社会は、本来の労働ではなく、疎外された労働を社会全体のうちに構造化したものだといえます。

ですから、疎外ということばが『資本論』ではほとんど使われていないのは、当然ともいえます。疎外されない労働は奥に引っこんで、疎外が社会の全面に広がったとなると、あえて疎外をいう意味がない。疎外という負の状態を、それこそが社会全体を覆う構造をなすものとして、正面切って分析することこそが主題となります。

労働の現場からすれば、実際に働く人たちがどれほどの意欲をもって働いているかということは小さな問題ではない。資本主義的生産の内部でも労働の人間性や社会性がいろいろな場面で実感されているはずです。が、『資本論』の経済分析はそうした場面を主題とはしない。むしろ、疎外の構造を明らかにするために、価値を生む労働が商品のなかにどのようにあらわれるかを探って、等価形態などの価値形態の分析に向かい、そしてそこから貨幣の考察へと向かう。さらに貨幣や商品の媒介する経済活動が資本を生む構造を明らかにしようとする。それは大きな社会的な広がりをもつ構造ですが、その構造の経済的分析が中心主題となると、使用価値はおもてには出てこない。あたかも自然が人間の活動や社会を支えているのに似た形で、使用価値は埋もれていることで疎外の、負の構造を支えることになります。

現実の土台として埋もれている使用価値が、その人間性を取りもどすには社会が変わらねばならない。負の構造そのものが大きく変わらないかぎりは、使用価値が人間的なものとして浮かび上がることはない。『資本論』では、おもて向きそんな主張がなされることはないのですが、いわば背後にはそういう思想が隠れていると思います。

『資本論』では、使用価値と交換価値という二つの概念が並列されつつ、使用価値の社会性や歴史性が主題化されて論じられることはありませんでした。交換価値を尺度として、大量の安い商品をいかにして作り出すかという過程が分析の主眼となる。それが、価値と価値との闘いにおいて資本が勝ち残っていくための方法ですから、そういう経済活動が全面的なものになるときには、使用価値と交換価値がもっている本当の人間的な意味とはまったく別のところで、熾烈な競争がおこなわれる。「労働の二重性」の箇所では、そうした構造の分析にかろうじてかつての考えかたが生かされている。が、資本の分析に踏みこんでいくとなると、二重の労働はずっと底流してはいるが、負の構造を支える影の部分としてのみ言及されることになります。

ここにふくまれている問題をどう考えるか。別段、マルクスになにかを要求しようという話ではないのですが、初期のマルクスから掘り起こし、その後の展開をたどってきたわたしたちからすれば、改めてそこのところを考えてみたくなります。

【対話】

——労働が疎外されて、本来そうあるはずの労働ではなくなっている。とりわけ資本主義社会では、変革が緊急の課題だと考えられるとき、マルクスはそうした状態になってしまったことは、ある意味で歴史の必然と考えているのでしょうか、それともなにかしら人間が過ちを犯してきたからだと思っているのでしょうか。

正しい行為か過ちか、善か悪かという話になれば、道徳的な価値判断が働くことになりますが、道徳的に考えるということは、マルクスにはまったくないと思います。私有財産が支配し、資本主義的な構造が確立することは、社会の必然性だとマルクスは考えている。人間の物質的な生活がある段階まで発展して、そこでひっくり返されるのも社会の必然性だと考えている。構造的に作り出された活動が行くところまで行って、もうこれ以上は耐えきれなくなる。そのとき、人間は疎外された状態を担えきれるところまで担った上で、最終的に自分たちの力でその状態を克服することができるのだ、と。そこは、マルクスはある意味でオプティミスティックだといえます。

——二つうかがいたい。一つは、イデオロギーとそれに対応する意識の形態という表現がありましたが、それを少し具体的に説明していただきたいのです。そこでイデオロギーという場合、道徳、宗教、形而上学、そしてその他のイデオロギーといわれますが、とすると道徳、宗教、形而上学もイデオロギーの範疇にふくまれるのか、それは別なのかということなのですが。

もう一つは、『ドイツ・イデオロギー』から引かれた文章に、「さまざまな段階にある市民社会を、歴史全体の基礎としてとらえる」とありましたが、これはいろいろな歴史の段階でも、そこに市民社会が存在すると理解したらいいのでしょうか。

イデオロギーと意識形態との関係は、訳しながらわたしも多少疑問に思ったのですが、恐らくこういうことではないかと思います。イデオロギーというとき、マルクスはその時代を代表するような、たとえば唯物論や、ヘーゲルの観念論、それからキリスト教の教義体系のようなものを指していると思います。いまの日本でいえば、象徴天皇制についての考えとか、憲法九条をめぐる主張とか、裁判における厳罰主義とか、一定の表現に定式化できるようなものの考えかたをイデオロギーといっている。もちろん、宗教も道徳もそのなかに入ります。

そういう意味でのイデオロギーに対応する意識形態とは、もう少し日常的に漠然とわれわれが経験しているもののことです。たとえば、戦争が始まって社会が沸騰しているとき、戦争を是とする政府の公式見解はイデオロギーですけれども、巻きこまれているそれぞれの人たちが行かなければならないのかとか、死ぬのは怖いなどと、そのなかでいろいろ考えることは、もっと曖昧な、断片的なものの寄せ集めで、それが意識形態といわれています。マルクスが、なぜ二つを区別するかといえば、観念的な世界をなるべく総体としてとらえたいからです。きちんとした形あるものと、フワフワとつかみどころのないものをもふくめて、そのすべてを上部構造に入れたいからだと思います。

二つ目の、マルクスの市民社会について。「さまざまな段階」という形容語がつくのは、マルクスが市民社会を、人間の現実の全体としてとらえたいからです。『ドイツ・イデオロギー』の引用箇所では、物質的な生活の生産と消費をふくむ現実の生活をひっくるめて、マルクスは市民社会といっています。資本主義社会ということばは、経済的なものにアクセントが置かれすぎますから、それ以外のもろもろの活動をもふくめて全体を考えるときには市民社会ということばを使います。当然そこでは物質的な生産関係が中心になりますけれども、イデオロギーなどもそこにふくまれます。

土台と上部構造という区分でいえば、土台となる活動や場も市民社会だし、上部構造的な活動や場も市民社会で、そういう大きなくくりとしてマルクスは市民社会という概念を使っている。そこには当然さまざまな段階があることになります。

——使用価値を生む労働は、『資本論』のなかでは埋もれていて、底流をなしているといわれましたが、少し話がずれるかもしれませんが、使用価値を生む労働から、労働の疎外を解消していくという方向で考えていった思想家は他にいないのでしょうか。

使用価値は交換価値と並列されて初めて具体性をもつ概念ですから、そこから疎外の克服を考えるという道筋は考えにくい。マルクスでも使用価値から疎外の克服へと直接に進むわけではありません。『経済学・哲学草稿』では人間と自然との交流ないし人間の社会性の発現と考えられた本来の労働が、『資本論』では、使用価値を生む労働というきわめて限定されたとらえかたをせざるをえなくなった。資本主義体制のもとでは、労働が人間の自然性や社会性をゆたかにするような方向性を構造的にもちえないから、人間的な意味をもつ労働をも、使用価値を生む労働といったいわば肩身の狭い概念で規定せざるをえない、ということがあると思います。

——初期のマルクスの強靱な思考力が強く印象づけられましたが、労働の疎外についても、たとえば外化と疎外を考えたり、社会的な人間について考えたりする。そういうときのマルクスの考える力は、どこで培われたのでしょうか。初期マルクスのもう一つ前、前初期マルクスとでもいうような段階は、やはりヘーゲルの哲学的な思考方法の影響下にあったと考えるべきなのでしょうか。ヘーゲルも強烈な概念的思考で現実をとらえようとしますが、マルクスもそこから学んだものがあったのか。もちろん、ヘーゲルとはまったく異なる目で現実を見ようとするわけですが、初期マルクスの前初期には、ヘーゲルの影響がどの程度にあったのでしょうか。

ヘーゲルの影響は大きかったと思います。長くヘーゲルを専門としてきたわたしはヘーゲルびいきになりがちでそこは要注意ですが、若きマルクスの執拗なヘーゲル批判は、ヘーゲルは駄目だというのではなく、この巨大な存在になんとかして風穴を開けなければ、自分なりの哲学的な思考を展開できないという切実な思いがあっての批判だったと思います。世界を総体としてとらえながら、そのどこに本質があるかと問うていく思考、それこそが哲学的思考の名に値しますが、そうした思考は間違いなくヘーゲルからマルクスへと受け継がれています。初期マルクスのさらに前に、一つの大きな柱としてヘーゲルがあったといえると思います。

――『フォイエルバッハにかんするテーゼ』からの「感覚的な人間活動として、実践として、主体的にとらえていない」という引用ですが、この「主体的に」と訳されたところには、むかし、「主体的に」ではなく、「主体として」ではないかという論争がありました。その論争を読んだとき、「主体として」と訳したほうがマルクスの意図を汲んでいるのではないかと思ったのですが、いかがでしょうか。

ドイツ語では subjektiv と副詞的な使いかたになっていて、「主体的に」と訳して問題はないと思います。もし問題にするとすれば、「主観的」とするか、「主体的」とするかが迷うところで、ここは認識よりも実践に重きがおかれる文脈ですから、「主体的」という訳しかたのほうがいいと思います。ことばのつながりとしては、「主体として」でも、「主体的に」でも、それほど意味のちがいは出てこないのではないでしょうか。

――使用価値と交換価値についてなのですが、マルクスの論じかたでは無限に需要があって、生産力がすべてを決定する、といわれているような気がします。労働すれば、即それは交換価値になる、と読める気がするのですが、実際には、とりわけいまの社会では、ネックは需要だと思うのです。需要、すなわち消費者が求めている内容に合うか合わないかで価値が決まるのではないか、と。そうすると、消費者が関心をもつのが使用価値であるという理由で、『資本論』に使用価値の語がほとんど出てこないというのはむしろ逆ではないか。使用価値こそが需要者の欲求を満足させるので、商品の価値はそちらのほうで決まるのではないかと思うのです。けっして、作る側がすべてを決定するから、労働時間で価値が決まるというのではなく、使用価値がお客さんの要求に合致しなければ、買ってもらえませんし、価値が実現しないと思うのですが。

それは、使用価値という概念の用法が異なっているのだと思います。言われたようなことは、もちろんマルクスも問題にしているのですが、マルクスのいう使用価値は、素材的富といいかえられることからも分かるように、人間の生活に役立つものということです。しかも、マルクスは役立つかどうかをまずは質的な事柄として考える。もちろん商品が売れるにはなんらか生活に役立つのでなければならないから、商品には使用価値がある。が、その使用価値が商品の価値を——具体的には、値段を——決めるわけではない。

使用価値をもつことによって市場で売買される商品がどれだけの価値をもつのか、それを決めるのは量としてある交換価値であって、そこを基点に商品が貨幣とつながり、資本とつながるのです。

——マルクスは、宗教は阿片だといったそうですが、その背景にあるのはイデオロギーと、人間の死ぬのが怖いというベーシックな意識——これを、わたしは宗教の原点だと考えるのですが——とを分けて考えるということだと思います。死んだらいったいどうなるのだろうと考えたり、あるいは死者を悼むための儀礼を共同でやったりする。これは別に、何教であるかにかかわりなく、またそれらがもっている教義体系とも無関係に、その出発点には死ぬのが怖いという、おそらく人類発祥とともにあったと思われる意識があるでしょう。そういう思いを受けとめてきたのが宗教だとすれば、それと、宗教についてのマルクスの考えは、まさに水と油だと思うのです。人間はつねに、死ぬのが怖いというベースにもどっていくもので、生きているかぎりその気持ちを捨て去ることはできないのだとすれば、マルクスの考えかたにもとづく未来社会と、そういった宗教的感情とは、どのように折り合うのでしょうか。わたしは、調和することは難しく、どうしても相反せざるをえないように思うのですが。

それは大問題です。マルクスが「宗教は民衆の阿片だ」と言ったとき、民衆の不幸は現実の社会からやってくるのに、宗教はそれを人間の原罪ゆえだと現実から目を逸《そ》らすような話にもっていく。それを阿片だと言ったのだと思います。宗教的言説が社会変革の意欲を減退させる点を批判したものです。

ただ、おっしゃるような死への怖れは、社会構造ゆえに生じる不幸のなかにうまくおさまるものではない。宗教にとってはそれとどう向き合うかは重大問題で、死をめぐる言説や理論について、社会変革の意欲を減退させるものだと簡単にはいえない。マルクスの考える未来社会でも、死をめぐる宗教感情は残ると考えるほうがリアルだといえるかもしれない。宗教のとらえかたのちがいだともいえますが、現在においても、未来においても、「宗教は民衆の阿片だ」ということばで宗教を片付けることはできないだろうと思います。

＊本書は、岩波市民セミナーにおいて、「初期マルクスを読む」と題して行われた四回にわたる連続講義を基礎に、大幅な加筆・改稿を経て成った。
　第一回、二〇〇九年五月一九日、第二回、五月二六日、第三回、六月二日、第四回、六月九日。

長谷川 宏

1940年生まれ．専攻は哲学．東京大学大学院博士課程単位取得退学後，大学アカデミズムを離れ，在野の哲学者として，多くの読書会・研究会を主宰する．また，41年間続く私塾・赤門塾は，ユニークな活動をもって知られる．

主著，『ヘーゲルの歴史意識』(紀伊國屋書店，のち講談社学術文庫)，『ことばへの道── 言語意識の存在論』(勁草書房)，『赤門塾通信きのふ・けふ・あす』(現代書館)，『黒田喜夫── 村と革命のゆくえ』(未來社)，『同時代人サルトル』(河出書房新社，のち講談社学術文庫)，『ヘーゲルを読む』(河出書房新社)，『丸山眞男をどう読むか』(講談社現代新書)，『日常の地平から』(作品社)，『高校生のための哲学入門』(ちくま新書)，『生活を哲学する』(岩波書店)，『ちいさな哲学』(春風社)ほか．

訳書，フッサール『経験と判断』(河出書房新社)，ヘーゲル『精神現象学』(作品社)，『哲学史講義』全3巻(河出書房新社)，『美学講義』全3巻(作品社)，『歴史哲学講義』全2巻(岩波文庫)，マルクス『経済学・哲学草稿』(光文社古典新訳文庫)など．

初期マルクスを読む

2011年2月24日　第1刷発行

著　者　長谷川《はせがわ》 宏《ひろし》

発行者　山口昭男

発行所　株式会社 岩波書店
〒101-8002 東京都千代田区一ツ橋2-5-5
電話案内 03-5210-4000
http://www.iwanami.co.jp/

印刷・法令印刷　カバー・半七印刷　製本・牧製本

ISBN 978-4-00-023486-3　Printed in Japan